I0702979

L'**Associazione Nazionale Tra i Banchi di Scuola APS ETS**, fondata a Bologna nel 2025, si propone di dare continuità al messaggio del libro "Io sono prof, tu una m***a" e —in modo concreto— fare di tutto per trovare soluzioni reali al **disagio** vissuto da studentesse e studenti delle scuole italiane, in particolare di quelle secondarie di secondo grado.

Il libro "Io sono prof, tu una m***a" è un'opera fortemente divisiva. Dare **voce** alle studentesse e agli studenti, **riconoscere** la loro condizione e **ascoltare** il loro disagio significa affrontare una scelta netta e senza compromessi.

Le idee espresse nel libro sono chiare e taglienti: «La scuola italiana oggi spesso "violenta" chi la frequenta»; e ancora: «Se non si pone l'interesse delle studentesse e degli studenti al primo posto, viene meno l'essenza stessa dell'Istituto scolastico».

Il testo richiama anche Simone Weil: «"Lei non m'interessa". Un uomo non può rivolgere queste parole a un altro uomo senza commettere una **crudeltà** e ferire la **giustizia**». Il punto è che oggi «A nessuno in realtà importa una benamata minchia di cosa pensano le bambine e i bambini» (M. Murgia).

La gravità della situazione è confermata da decine di testimonianze raccolte tra i banchi di numerose scuole secondarie superiori: si tratta di stati emotivi sconvolgenti, difficili da accettare e ammettere, ma che rappresentano milioni di persone che, ogni anno, per duecento giorni, si trovano dalla parte sbagliata della cattedra.

In questo contesto —paradossalmente— i *prof* fanno i loro dovere, e lo fanno bene, senza nulla che —dal punto di vista formale— possa essere contestato. Tuttavia, molti di loro (anche se probabilmente si tratta solo di una **minoranza** molto rumorosa) rischiano di voler curare la malattia (la presunta ignoranza) finendo però per "uccidere" il paziente (che spesso subisce, consapevole di non avere alternative percorribili).

Associazione Nazionale
Tra i Banchi di Scuola
APS ETS

Nell'ultima parte del libro si sottolinea come l'**attenzione alle persone** non possa non essere il modello di riferimento. Viene ricordata, con una certa nostalgia, l'importanza di alcuni approcci educativi del passato, come quelli di Gramsci, di Maritain e della Scuola di Barbiana, ancora oggi estremamente attuali.

Il lettore adulto, in particolare se docente, potrebbe commettere l'errore di spostare l'attenzione dalla condizione di disagio dello studente al presunto "colpevole" che non ascolta, interpretando il libro come un attacco personale.

Questo atteggiamento è proprio ciò che alimenta il disagio descritto nel testo: un comportamento disfunzionale che — ancora una volta— evita il **confronto** con i giovani e il loro malessere, per tornare il più rapidamente possibile al mondo degli adulti, autoreferenziale e appagante. Dopo tutto, in qualche aula il Marchese del Grillo ed il suo «Io sono io, e tu non sei un c***o» è un modello che ha fatto scuola. Letteralmente.

Il libro è venduto **senza nessun profitto per l'autore**, ed è stampato con un carattere ad alta leggibilità.

La seconda edizione, significativamente rivista e ampliata, è prevista per **agosto 2026**.

Si ringrazia https://www.tutelascrittori.it/ per il parere legale sulla presente versione, e le indicazioni per la nuova.

Per maggiori informazioni, e per inviare le proprie testimonianze o osservazioni, sono disponibili i canali *social* dell'Associazione ed il sito https://traibanchidiscuola.it/ .

AVVISO

Questo libro che hai in mano
contiene un **linguaggio esplicito, diretto e provocatorio**:
la volontà dell'autore è di esprimere al meglio
per quanto possibile
i concetti, le emozioni e le situazioni narrate.

All'interno di queste pagine
troverai termini ed espressioni
che potrebbero risultarti
offensive, volgari o inappropriate.

Se sei particolarmente sensibil*
a contenuti forti o a un linguaggio esplicito,
valuta attentamente se procedere con la lettura.

**Nessuno ti costringe a proseguire.
Nessuno ti obbliga a finire.**

Se cerchi qualcosa di meglio da leggere,
la bibliografia si trova alla fine.

Se decidi di iniziare questo **viaggio**,
vi ringrazio per la comprensione:
sono gli **appunti di un viandante**
in equilibrio precario sopra la follia dei nostri giorni.

VIOLENZA

In senso più ampio,

ogni forma

di **aggressione**, di **coercizione**, di **dominio**,

e anche, più astrattamente,

di **influenza**, **condizionamento** e **controllo**

delle **attività** pratiche

e più ancora di quelle **intellettuali**

dell'uomo,

esercitata non tanto da singoli

quanto dalle **istituzioni**

che detengono il **potere**.

Ne consegue un concetto

della **violenza**

come **fatto sociale**.

https://www.treccani.it/vocabolario/violenza/

Il *font* utilizzato in questo libro
è ad alta leggibilità.
È stato costruito sulla base di **TestMe**
https://www.testmefont.com/
https://github.com/molotro/TestMe02

Il prezzo di copertina
copre il costo di stampa (Amazon):
non si genera **nessun profitto economico**
per l'autore (o gli autori).

Prima edizione: agosto 2024.
La seconda edizione (riveduta e corretta)
è prevista per agosto 2026.

Per contattare la
Associazione Nazionale
Tra i Banchi di Scuola
APS ETS

(ed inviare commenti o osservazioni)
scrivere a **ascolto@traibanchidiscuola.it**

www.**traibanchidiscuola**.it

Giampietro Peghetti

Io sono *prof*, tu una m***a

Bologna, agosto 2024

Alle mille e più persone
che ho incontrato in classe
in oltre vent'anni di scuola
e che ancora si ricordano
del tratto di strada percorso insieme.

Every day for us something new
Open mind for a different view
And nothing else matters

(Metallica)

Le tre parti di questo libro (dopo l'introduzione)

1

*Parte prima (**trascurabile**)*

Ieri

Il (mio) percorso

Da pagina 11.

2

*Parte seconda (la più **importante**)*

Oggi

Esempi di violenza

Da pagina 23.

3

*Parte terza (per i prof, **forse**)*

Domani

Tu

Da pagina 93.

Introduzione

*La m***a. Autoritratto.*

Personaggio 1 (il bambino di Andersen)

Un giorno ti svegli, e ti accorgi che non ne puoi più.

Ti sembra di essere all'interno di una pentola piena d'acqua, e che qualcosa o qualcuno ha acceso il fuoco. Stai diventando la "rana bollita" di Noam Chomsky.

Basta. Ti alzi di corsa, verso lo *spostapoveri* che ti porta a scuola. Capisci che niente è cambiato. E tutto è ancora uguale a ieri.

Arrivi a campanella suonata, nel cronico ritardo del trasporto pubblico. I *boomer* alla cattedra te lo farebbero notare, se solo ci fossero. Fortunatamente per loro, il ritardo sul registro vale solo per te.

All'improvviso l'apparizione. La folla dei sudditi acclama gli imperatori, entrati in aula a volto triste —pronti a *dissare* chi hanno di fronte, a *flexare* che loro e solo loro e solamente loro sanno—, mentre tu ora vedi per la prima volta la nudità del loro essere **cringe**. E finalmente capisci la fiaba di Andersen (alla fine, i *prof* sono solo dei *boomer*).

Ma che fare? Continuare a farti *blastare* in quelle pratiche arcaiche che si chiamano interrogazioni? Attendere la fine dell'ultima ora cercando di non farti *sgamare* mentre ignori tutto e tutti? Cambiare scuola (ma non sai cosa desideri, né quali sono i tuoi veri bisogni; e quindi che fare?).

Oppure prendere il cellulare, e *spottare* quella persona che avevi visto entrando a scuola. Quale migliore distrazione di una *crush*? Del resto hai pronta la carica di *love bombing* che butterai di fretta per ottenere al più presto il *beneficio* desiderato (o raccontare il fallimento al prossimo evento di Bello Figo). E sai già come *ghostare*. Sei pover* come la m***a, più stirato di Nevio: se anche *crush* ci stesse, manco alle macchinette potreste andare.

Del resto, a scuola, sei solo una m***a.

Foto del prof.

Personaggio 2 (quasi fosse un *kapò*)

Suona il *Samsung* che ho lasciato in carica a fianco del letto.

Mi alzo, prendo e vado.

Come sempre.

Tutto uguale.

Che palle.

«Solo et pensoso». «A passi tardi e lenti». Come quel *sottone* di Petrarca. Ma senza nessuna Laura.

Vado a comandare (senza trattore, senza tangenziale).

Entro in aula.

A ripetere le solite cose.

A quei/quelle deficienti.

(Quelli dal lato sbagliato della cattedra non valgono niente).

Devo arrivare alla fine del mese. **Che altro potrei fare?**

Non capiscono una beata. La loro testa fa "Tik Tok". In confronto a loro, Young Signorino è Alfred Einstein. U-a-a-a-a-a-a-a-e-m-c-2.

Mmmmmm... vabbè.

Registro. Compiti. Interrogazioni. Voti. Sbocco.

Devo. È il mio **compito**. Il mio **ruolo**.

Obbedisco (a quello che mi dicono di fare).

Intanto 'stica**i.

Io sono *prof.*

E loro una m***a.

E v********o.

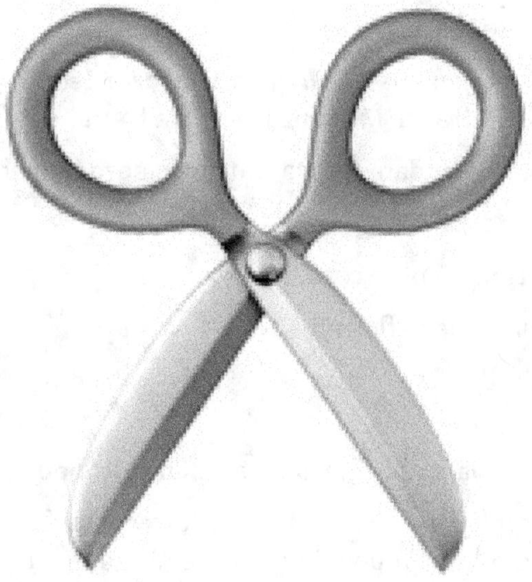

Intelligentibus pauca.

Trama in stile Accorciabro (il figlio del Bignami)

In poche parole, perché questo libro?

Semplice.

Si rivolge a chi, nelle scuole secondarie di secondo grado del servizio pubblico sul territorio italiano, si sente fuori posto (specie se si trova dal lato spagliato della cattedra)[1].

E se è vero che un pesce puzza dalla testa, il *target* primario di questo scritto sono i *prof* (e chi li dirige), che in classe condizionano (e probabilmente determinano) tutto quello che accade in aula.

Se un* *prof* dimentica di mettere al primo posto le persone che ha davanti mentre fa lezione, perde di vista il motivo per cui va a scuola.

Dovrebbe andarsene.

E se un* *prof* pensa di essere superiore a quelle persone, commette violenza nei loro confronti (e, per come la vedo io, anche verso se stess*).

La scuola di oggi è piena di **violenza**.

---

[1] «A nessuno in realtà importa una benamata minchia di cosa pensano le bambine e i bambini» (Murgia M., *Dare la vita*, Rizzoli, Milano 2024, pagina 100).

*Parte prima (**trascurabile**)*

Ieri

Il (mio) percorso

Il (mio) Liceo Classico

Scuola privata

Ebbene sì: ho frequentato un liceo privato.

Forse me ne sono vergognato sino ad oggi, quando ho capito che al centro di quella scuola c'era l'essere umano.

E forse, la scuola pubblica italiana, oggi l'essere umano l'ha dimenticato.

Da questi vissuti nasce questo libro.

La prof di matematica

Andavo bene in matematica. In pratica la *prof* faceva delle prove solo per me (un po' per mettermi alla prova, un po' per evitare che suggerissi).

Era l'ultima verifica scritta dell'anno, e il mio più caro amico rischiava ancora una volta di essere rimandato a settembre.

Non avevo niente da perdere, così ho fatto prima il suo compito, e poi il mio. Entrambi le valutazioni sono risultate positive.

Peccato che, il giorno della consegna, la *prof* mi chiama fuori aula, in sala docenti, e mi rimedia un bel ceffone, accompagnato da un sintetico: «Non si fa».

L'ho adorata e detestata allo stesso tempo. Anni dopo, alla notizia della sua morte, ho pianto.

Il mio amico tutt'oggi, nel suo lavoro tutti i giorni usa i numeri e fa di conto. Brillantemente!

Il prof di latino

Me lo ricordo come fosse oggi.

Compito scritto di latino. Nessun errore. Voto 5.

Non capendo, chiedo al *prof*, che candidamente mi risponde: «Hai dimenticato il punto alla fine di tutte le frasi. Il voto è 5, e da ora in poi ti ricorderai sempre di metterli».

Aveva ragione. Ora metto sempre i punti alla fine delle frasi.

Me lo ricordo come fosse oggi[2].

La prof di greco

La prima liceo, con la nuova *prof*, è stata una tragedia.

I miei voti? 2, 4, 6, 3.

Per fortuna (o per impegno, visto che alla mattina —in aggiunta alle ore pomeridiane— mi alzavo molto presto per studiare) alla fine dell'anno il voto finale è 7[3].

---

[2] Ad anni di distanza ho saputo che, in una classe ove insegnava italiano, ha letto un mio articolo apparso su un quotidiano nazionale. Ed il timore e tremore che avevamo avuto nei suoi confronti ha così finalmente trovato la via del sorriso.

[3] Negli anni seguenti ho anche continuato a coltivare il greco, anche traducendo testi inediti dal III al XV secolo (d. C.).

Volontariato

La gattara

Durante gli anni del liceo ho fatto volontariato nel centro di Bologna, primariamente andando a trovare persone sole o negli ospedali.

Una volta ho incontrato una gattara (credo si definisca così chi vive con oltre dieci gatti). Abitava in una casa al piano terra assai inospitale per l'accumulo di giornali ed oggetti. Mi offrii di darle una mano (o, meglio, di ripristinare quantomeno l'accesso alla finestra). Si rifiutò.

La settimana dopo, quando la andai a trovare, mi presentò una sua poesia (che aveva scritto per me); in appendice vi era questo testo:

> *Il fascino del bene. Essere attratti a far del bene.*
> *Vedere come il mondo sia lontano dal bene.*
> *Oggi si dimentica sempre più il bene per ricordare*
> *solo l' interesse. Sono ognora più rare le persone*
> *che fanno del bene non solo a chi ne ha bisogno,*
> *ma è necessario farlo anche e specialmente a chi si è*
> *dimenticato di darlo e di riceverlo.*

Ho scoperto essere una poetessa con diversi libri scritti e premi vinti.

Il volontariato aiuta primariamente chi lo fa[4].

---

[4] Fare volontariato permette di riequilibrare la definizione di "problema": ci sono "problemi" che, una volta iniziato il contatto con la realtà, finiscono di essere tali; i veri problemi forse sono altri.

Il villaggio senza barriere "Pastor Angelicus"

Era il secondo capodanno che trascorrevo al villaggio; questa volta il compito era pulire il sedere ad un ragazzo costretto su una sedia a rotelle. Niente di che.

La particolarità è che il ragazzo sapeva che, mangiando la cioccolata, il suo intestino si sarebbe immediatamente irritato.

Poco prima della mezzanotte ne mangiò a sufficienza per salutare il nuovo anno in bagno.

Alla mia domanda sul perché di tutto questo, la risposta fu netta: «Perché così lo passi qui e non a festeggiare».

Forse non lo sapeva, ma è stata una esperienza per me molto istruttiva.

In missione in Africa

Purtroppo è stata l'esperienza di un solo mese.

Il valori dei rapporti umani ed il significato del tempo che si impara in quella terra è difficile da spiegare qui.

Vita da *prof*

Dario (nome di fantasia)

C'è stato un periodo in cui ho insegnato in un istituto agrario nell'appennino bolognese.

Ricordo che, mentre arrivavo a scuola, vedevo nei campi ad arare un trattore guidato da un mio studente.

Non so se per volontà o per bisogno, ma era molto dotato: insegnava perfino ai *prof* come fare gli innesti.

In terza superiore l'abbiamo bocciato.

Da allora gli ho promesso ricordarlo ogni volta che ne avessi avuto l'occasione. Ed eccomi qui a tener fede alla parola data.

Mi pare che oggi diriga un consorzio agrario.

Castiglione dei Pepoli

La Dirigente Scolastica dell'IIS "Caduti della Direttissima", poi diventata sindaca del paese, aveva due punti chiari che ripeteva al primo collegio dell'anno scolastico.

Il primo punto (lo scrivo con parole mie) è che ci deve essere una differenza tra la situazione di settembre e quella di giugno: non è possibile che non si sia fatto un percorso di miglioramento. E se il miglioramento non c'è, significa che il *prof* non ha fatto il suo dovere. Ed è —a mio avviso— molto bello quando, come nella scuola in cui sono ora, il miglioramento viene premiato (ahimè solo —però— se giunge alla sufficienza).

Il secondo punto è correlato al primo: il tabellone dei voti si legge anche in verticale. Se la media dei voti finali di una materia è insufficiente, ad aver lavorato male è primariamente il docente.

Di entrambi i punti, specie del secondo, sono a tutt'oggi ancora convinto.

Valutazione del prof

Da tempo, e ultimamente praticamente sempre, faccio compilare un *test* di valutazione del docente, inserendo tra i quesiti alcuni temi generali (sulla lezione e gli argomenti svolti) e —con maggiore attenzione— gli ambiti in cui mi preme avere un feedback più significativo (gli aspetti più tipicamente relazionali).

A me è utile per migliorare il mio modo di pormi.

Outing

Non ho mai insegnato niente. Chiedo scusa. *J'accuse* (me stesso). E le persone che ho avuto in classe hanno imparato tantissimo. Per i fatti loro. In autonomia.

Credo e spero di aver solo realizzato quanto descritto da Geminiano Bernardi (collega che stimo infinitamente)[5]:

> *Se arredi una clausura,*
>
> *se per esempio ci metti una fontana,*
>
> *l'immaginazione farà presto*
>
> *a ricavarne una piazza, così grande*
>
> *che gli occhi non vedranno più*
>
> *la finestra aperta.*

---

[5] Geminiano Bernardi, *Una contrastata speranza*, Massa 2024, pagina 30.

Perché questo libro

Πόλεμος πάντων πατήρ ἐστι[6]

Si arriva ad un punto della vita in cui, di certe violenze, non se ne può più.

E di violenze, ai giovani di oggi, dal mio punto di vista, se ne fa ogni giorno una nuova.

Insegno ancora in un liceo di Bologna: e forse sono anch'io, a mia insaputa, un carnefice.

Sala prof

Frequento molto poco la sala docenti.

Faccio fatica sentire i colleghi lamentarsi di questo o di quello.

Mi ricordano troppo il prete in chiesa che rimprovera gli astanti per quelli che non vanno a messa (o le persone puntuali per quelle che arrivano in ritardo).

Se non piace la clientela, forse si è sbagliato lavoro.

Molte persone stanno male

Quest'anno, e *generally speaking* durante e dopo il "periodo *Covid*"; entrando in aula mi sono accorto che le persone stanno male. E mi pare siano in sofferenza per motivi e in modi totalmente diversi anche solo dal recente passato.

È ora di dar voce a chi non può parlare.

---

[6] «Πόλεμος πάντων μὲν πατήρ ἐστι, πάντων δὲ βασιλεύς, καὶ τοὺς μὲν θεοὺς ἔδειξε τοὺς δὲ ἀνθρώπους, τοὺς μὲν δούλους ἐποίησε τοὺς δὲ ἐλευθέρους» (Eraclito; citato in Heidegger M., *Parmenide*, Milano 1999, pagina 58).

Limiti superati

Se arrivi a scuola e metti gli studenti al centro delle tue attenzioni diventi immediatamente quello strano (agli occhi di chi è fuori contesto).

Nel corso degli anni ho avuto i miei problemi[7], che ho potuto affrontare solo assorbendo il colpo (con effetti evidentemente negativi nel modo di far lezione, e quindi sulla qualità dell'esperienza in aula).

E, su questi aspetti, mi fermo qui.

Però c'è un limite. Quando certe decisioni "istituzionali" impattano sul benessere delle persone, il limite si supera. Come già scritto altrove, «se non si mette l'interesse degli studenti al primo posto, viene meno l'essenza stessa dell'Istituto scolastico».

Un certo limite, a mio avviso, è stato superato.

---

[7] Mi riferisco a qualcosa di molto (ma molto) più piccolo e decisamente molto (ma molto) meno significativo di quanto accaduto a Michela Murgia: «A parte l'imbarazzo e il dolore personale, in queste situazioni esplodeva in me soprattutto la paura di sporcare i rapporti pulitissimi che avevo instaurato con ragazzi molto giovani, costringendoli a vedere una malizia che esisteva solo negli occhi di chi guardava la nostra realtà liberante e non si spiegava in cosa potesse consistere mancando, tra di noi, un legame di sangue» (Murgia M., *Dare la vita*, Rizzoli, Milano 2024, pagina 42).
Se si avrà il desiderio e la pazienza di continuare la lettura di questo testo sino alla fine, nella terza parte del libro si potrà capire chiaramente cosa —a qualcuno— fa problema.

Quindi?

Non ho niente da insegnare a nessuno.

Niente alle persone in aula, niente ai colleghi *prof.*

È che, ad un certo punto, si raggiunge il limite.

È ora di fare qualcosa.

Red flag.

*Parte seconda (la più **importante**)*

Oggi

Esempi di violenza

Too much

La parte più difficile di questo testo è stato leggere quanto alcune persone mi hanno scritto di proprio pugno su un foglio bianco lasciato loro sul banco in un giorno qualunque di maggio.

Non pensavo, non immaginavo, non credevo.

A scuola finita ho iniziato pian piano a rileggere con maggiore attenzione, ed a riportare su questo testo.

A me leggere certe cose fa male.

Tu vali 4

Inizio da una testimonianza firmata.

Chi scrive è una persona di valore. A me arriva la sua sensibilità, la sua intelligenza, il suo sentire quello che vive.

Quando ho letto quello che mi ha scritto ho pianto.

Esempio concreto n. 61.

Il periodo delle medie non è mai stato semplice e l'ho imparato a care spese sulla mia pelle. Ho sempre avuto difficoltà nelle materie scientifiche, nonostante ciò, ho provato ogni giorno della mia vita ad impegnarmi. In un singolo giorno, però, mi crollò il mondo tra le mani come un castello di sabbia buttato giù dal vento.

*Era l'ultimo anno di medie, prima del COVID, e io e molti altri miei compagni dovevamo sostenere un test di *** alla lavagna da cui ne sarebbe valso il futuro voto. Inutile dire che quando giunse il mio turno inizio a tremare, non tanto per la paura di sbagliare, quanto più della professoressa. Provai a risolvere il problema senza ottenere i risultati positivi. Mi voltai allora verso la prova, aspettandomi di ricevere qualche commento sull'esecuzione del problema; ma la frase che disse a* seguito non lo era affatto. *"**Tu vali 4**", mi urlò per poi mandarmi al posto con un peso nel petto mai sentito prima di allora. Nella mia testa continuavo a ripetermi in loop quelle parole, non riuscendo a capire il perché.* **Perché dovrei valere 4? Perché il mio valore è così basso?** *Questa informazione non stavo riuscendo a metabolizzarla né i primi giorni dopo quel momento, né nei mesi successivi. Tuttora ci penso ancora, domandandomi cosa abbia fatto di sbagliato,* **se sono io il vero problema per non essere abbastanza intelligente.** *Lei continua a vivere la sua vita normalmente, sorridendo e scherzando, ma dentro di me qualcosa era morto. Mi trovavo già in un momento delicato alla mia vita dove il pianto veniva anche solo per la frustrazione e quel giorno fece cambiare tutto.*

Caddi in una sottospecie di depressione. Forse è stupido, infantile, magari sto esagerando, ma il mio cuore non mentiva quando piangevo e il dolore era talmente forte da farmi desiderare di non respirare più. Mi chiedevo **"perché vivere se sono un peso che non sa fare niente? La mia vita, valendo io stessa 4, non potrai mai essere come l'ho sempre desiderata e forse me lo meritavo".** *Una sera non riuscivo a dormire. Non so cosa stessi pensando, anzi, non ero nemmeno certa di starlo più facendo correttamente. So solo che presi una piccola* **lametta** *e pochi istanti dopo c'era del* **sangue** *a macchiare la mia pelle. Non volevo creare qualcosa di troppo profondo da lasciare un segno, ma successe e il peggio è che mi piacque. Il dolore che pervase il mio corpo alleviò il male della mia anima che chiedeva* **pietà**, *voleva solamente sentirsi* **apprezzata**. *La me di sei anni fa mi avrebbe guardata sconcertata, non capendo il motivo del perché dovessi farmi del male per sentirmi viva nuovamente; lei non l'avrebbe fatto. Ma io ero* **debole**, *lo sono ancora. Non so come affrontare molte situazioni e fingo di saperlo fare solo perché voglio ricevere un minimo di gratificazione. Non ne parlai mai con nessuno e* *questo mi portò a chiudere in un barattolo le emozioni per evitare di essere ferita dalle parole degli altri ancora una volta; non avrei sopportato di vivere nuovamente un dolore del genere che ti toglie il sonno e il desiderio di vivere.* **Molti problemi di autostima penso derivino da quel giorno, non riesco a cacciarli via. Sono diventati i miei demoni e a meno che non muoia prima mi seguiranno per molto tempo a ricordarmi la mia condizione di inferiorità.**

Spero di incontrarti presto e abbracciarti.

La fiducia e il rispetto

Continuiamo bene!

Esempio concreto n. 26.

Per i professori contano **solo** *i voti che prendiamo e ci vedono solo in base a quelli, non per la nostra persona o altro.*

Abbiamo rapporto **distaccato** *e* **disumano** *con i professori, non c'è un legame né di* **fiducia** *né di* **rispetto** *tra noi e i professori.*

Macchine

A volte ho il dubbio che i *prof* vogliano avere davanti dei registratori che ripetano tutto alle interrogazioni.

Sono abbastanza sicuro che i moderni *smarphone* sanno farlo (senza bisogno di avere delle persone-pappagallo).

Esempio concreto n. 15.

Secondo me la scuola mette troppa **pressione** *agli alunni. Non capisco se pensino che noi siamo delle* **macchine,** *perché non è così,* **siamo solo adolescenti pieni di problemi personali, come ogni essere vivente su questo pianeta.**

Il ricordo dell'ansia

Alla base di tutto c'è il il motivo per cui uno fa quello che fa.

Esempio concreto n. 52.

*In cinque anni di liceo non c'è mai stato un professore (a parte lei) che riuscisse a **comprenderci**, all'inizio pensavo fosse per la differenza di età ecc, ma in realtà la cosa fondamentale che è mancata è stato l'**interesse** da parte loro. Non intendo **interesse** solo per la persona, ma **interesse** nel voler trasmetterci qualcosa. Mi sono sempre sembrati interessati al loro lavoro, inteso solo come mezzo per guadagnare, senza mai avere la "gioia" di trasmetterci la parte bella che gli ha spinti a voler insegnare. Quando ci penso, spero sempre di non arrivare mai a comportarmi in certi modi con persone "uguali" a me, spero di avere sempre empatia e riuscire a capire le diverse situazioni.*

*Ad oggi penso che avrei voluto instaurare un altro tipo di rapporto con i prof, e non essere vista solo come un **numero**.*

*La cosa che mi rattrista di più è uscire da qui sapendo che in questi cinque anni avrebbero potuto lasciarmi qualcosa, anche solo il pensiero di un momento spensierato, invece esco da qui con **il ricordo dell'ansia** che mi veniva prima di ogni interrogazione, i pianti e l'infelicità che avevo in alcuni periodi.*

Tu, *prof*, perché **fai** il *prof*? Perché **sei** *prof*?

La scuola come processo industriale 4.0

Amo considerare chi ho davanti in aula come chicchi di mais in attesa del giusto microonde.

Tra le cose belle dei *pop corn* è che sono tutti diversi.

Esempio concreto n. 28.

> *La scuola non fa altro che valutare come un individuo possa adattarsi ad un metodo **standardizzato**, non considerando le **vere capacità dell'individuo** in questione.*

Carneade

Se io *prof* mi sono creato il mio personalissimo "cerchio magico" (tra i miei simili o in classe) che mi permette di ottenere soddisfazioni sufficienti per tornare a casa contento della mia *performance*, perché mai dovrei preoccuparmi di quelle persone che in aula sembrano carta da parati?

Esempio concreto n. 27.

> *Alle medie quando ho cambiato scuola e mi sono ritrovata in una nuova classe molte delle insegnanti presenti non si atteggiavano con me come con gli altri. Venivo punita per azioni non fatte, non venivo considerata durante i dibattiti o riflessioni e soprattutto non venivo aiutata ad essere integrata nella nuova classe e ciò mi ha portato a passare due anni completamente **sola** senza nessun amico con cui alleggerire gli anni scolastici. Eppure dentro di me pensavo fosse evidente che stavo sempre in disparte avevo problemi di socializzazione.*
>
> *Arrivando alle superiori sono sorti problemi di altro tipo, ma sempre legati ad **ingiustizie** di tutti i tipi, a partire da evidenti **preferenze** nei confronti di alcuni alunni.*

La cosa bella della carta da parati è che la puoi ignorare o colorare: in tutti i casi, se ne sta muta e senza dare troppo fastidio.

Pestare una m***a

L'espressione "pestare una m***a" nel linguaggio comune della mia terra significa aver detto qualcosa di inopportuno per il contesto nel quale ci si trova.

A scuola può significare per qualcuno trattare le persone per quello che valgono (i *prof* sono *prof*, e le altre persone delle m***e).

In poche parole

Non so cosa origini la percezione di superiorità che si ha dei *prof*. Forse per il fatto che hanno il potere sulla vescica di chi vorrebbe andare in bagno?

Esempio concreto n. 29.

*Vorrei si parlasse dell'**inutilità dei voti** e dei giudizi in generale.*

*Penso che sia una cosa **disturbante** il fatto che gli insegnanti si credano così tanto più **importanti** di noi.*

*In più una cosa che mi dà fastidio è il fatto che loro dicono che non fanno **preferenze** quando è palese che non è così. Se possono mettere i bastoni fra le ruote a qualcuno lo fanno.*

Paria

In India pare esistano ancora le caste.

E forse anche nella scuola italiana.

Esempio concreto n. 53.

*A scuola non mi sento per nulla tranquilla e pensare che dovrebbe essere un posto sicuro per tutti i ragazzi. Mi sento costantemente **giudicata** e **impotente**. Mi sento* come un essere **inferiore** che qualsiasi cosa faccia avrà sempre **torto**. Nonostante l'Italia sia una Repubblica democratica la scuola è l'unico posto in cui una democrazia non esiste.

L'ho sperimentato proprio stamattina con la prof *** poiché nonostante avessimo totalmente ragione pur di non ammetterlo per dimostrarsi a tutti gli effetti superiore a me mi ha **attaccato** in maniera violenta, ovviamente non fisica va verbale. Ma non è la prima volta che succede: le sue mail sembrano minacce di morte, il suo sguardo ti osserva come se fossi un bambino appena nato o peggio come se fossi una vera e propria **nullità** e pensare che non è nemmeno una mia docente.

Dunque dunque: giudicata, impotente, inferiore. Una impiegata perfetta, pronta per il mondo del lavoro!

Ver-Gogna

Cos'è, adesso non si può più sottoporre qualcuno a pubblica umiliazione e disapprovazione? Ma che mondo sta diventando?

Esempio concreto n. 25.

Mi è capitato una volta a scuola di aver fatto una verifica in cui avevo preso 5,5. Io aspettavo che segnante mi restituisse il compito ma una volta consegnate tutte le verifiche ai miei compagni, io non avevo ancora ricevuto niente. Fu proprio in quel momento che l'insegnante disse: **"C'è poi anche qualcuno che non è riuscito a prendere la sufficienza"**. Chiaramente riferimento era rivolto a me. Eravamo tutti in silenzio quando l'insegnante mi chiese di alzarmi e raggiungere la cattedra. L'unica cosa è che mi disse fu: **"Devi impegnarti di più"**.

Sarà anche il fatto che ero piccola quando mi capitò questo episodio ma ancora a distanza di anni mi ricordo *perfettamente che cosa provai e pensai quel giorno. Il fatto che tutti i miei compagni avessero preso la sufficienza io no mi fece sentire un po' **delusa** da me stessa e un po' come se fossi "meno intelligente" o "**inferiore**" agli altri. Il gesto di lasciarmi come **ultima** e di chiamarmi **alla** cattedra per dirmi che non avevo fatto abbastanza mi fece anche sentire molto in **imbarazzo** e a **disagio**. Mi ricordo anche che non mi aspettavo quelle parole dell'insegnante poiché avevo sempre avuto difficoltà nella sua materia e **lei lo sapeva** e fino a quel momento mi aveva sempre aiutata a livello emotivo.*

Volevo solamente che capisse

Con tutto quello che ha da fare, perché i *prof* dovrebbero perder tempo ad ascoltare le isterie e le baggianate di quegli esseri spesso brufolosi e più spesso noiosi?

Esempio concreto n. 8.

*Un'esperienza che mi ha segnato molto è stata un'interrogazione di ***. So di non avere una grandissima pronuncia. Quel giorno non avevo studiato tanto ma neanche poco, ma la professoressa in questione anche vedendo l'**ansia da prestazione**, mi ha lo stesso fatto sentire **ignorante** e mi sono sentita molto a **disagio** anche davanti alla classe che poi non ho saputo rispondere più a nulla pur sapendo le risposte. Adesso ad ogni sua lezione ho il **terrore** di essere interrogata e di risentirmi in quel modo.*

(Sempre la stessa professoressa) ho fatto molte assenze quest'anno a causa di un problema familiare in cui centrava la salute di mia madre. Io sapevo che questa prof era contro alle troppe assenze le ho scritto un messaggio WhatsApp ma lei invece di rispondere ha preferito visualizzare e non rispondere. Solamente alla 35sima assenza mi ha chiesto cosa fosse successo. Non volevo essere empatizzata... Volevo solamente che

*capisse che non per forza chi non viene a scuola e fa tante assenze vuol dire che è uno studente stupido che non ha voglia di fare un c***o.*

Oggettificazione

Come un medico forse vede la malattia (e non il paziente), così forse anche noi *prof* a volte vediamo qualcosa e non qualcuno.

Esempio concreto n. 32.

*Spesso mi sono sentita **"oggettificata"** quando, a causa della mia media, ci si aspettava più di me che dagli altri e vengo **etichettata** come quella che tanto sa le cose senza che nessuno interessi niente la mia vita vera al di fuori del contesto scolastico. Mi sarebbe piaciuto all'interno di questi cinque anni instaurare un rapporto di **fiducia** con i prof ma al di fuori di alcuni, mi sono resa conto che **a loro interessa solo di noi "studenti" e mai di noi "persone"**, vedono solo quello che vogliono vedere e non si sforzano minimamente di interessarsi a ognuno di noi per la **persona** che è aldilà del suo risultato scolastico, e questo è molto triste. Per quanto mi riguarda i voti ricevuti non mi hanno mai dato grande gratificazione, anche se alti, perché sapevo che aldilà di quelli per la scuola **io non contavo niente**.*

Zitto e muto

In questo caso abbiamo un *prof* che ha energia e interesse per la propria materia: un esempio da imitare!!!

Nonostante questo, chi è dall'altra parte della cattedra sembra subire.

Esempio concreto n. 30.

*Certi professori dovrebbero capire che la loro materia non è la passione di chiunque, pertanto sarebbe opportuno che si impegnassero a **comprendere** che non tutti sono disposti a studiarla con la loro stessa energia e interesse.*

Personalmente sono così entusiasta di avere la testimonianza di un *prof* convinto di quello che fa che rischio anch'io di dimenticare chi c'è al centro della scuola.

Il lupo e l'agnello

Se una situazione si ripete si considera normale.

Esempio concreto n. 31.

*Sinceramente sono dell'idea che ci siano moltissimi atteggiamenti che potrebbero essere considerati violenza e che ci fanno sentire non a nostro agio. Il problema più grande è che questi siano sempre più **frequenti**, e appaiano quasi **ordinari**, come se fosse la **quotidianità**. Le faccio un esempio di atteggiamento, ieri *** ha restituito i compiti in classe, che buona parte della classe non ha svolto al meglio. La cosa che mi ha fatto stare peggio è il fatto che mi abbia rimarcato continuamente le cose che **abbiamo sbagliato noi** (es. atteggiamento nei confronti della materia). Mi ha fatto star male, perché mi ha fatto sentire **stupida**, perché dal mio punto di vista mi sono fatto un mazzo enorme, per gestire la scuola, l'università, capire cosa voglio fare, la patente, la mia vita sociale, la famiglia, **trascurando me stessa** e ritrovandomi ad oggi a sentirmi **stanca**, mentalmente e fisicamente, senza energie. Ma anche solo la disorganizzazione, mi urta, perché tanto su chi si ritorce la cosa siamo noi.*

*Oppure non comprendere che prima di essere studenti siamo **esseri umani**, loro non lo capiscono, e anzi* vengono addirittura rinfacciarci che noi non capiamo che pure loro lo sono.

Ma come ti vesti?

Ricordo un adagio abruzzese che suona più o meno così: *Chi poco sa, presto parla.* A volte noi *prof* parliamo troppo presto.

E le conseguenze vanno ben oltre quanto immaginato.

Esempio concreto n. 60.

*Sin dalle medie gli adulti, in questi casi i professori, mi hanno sempre **screditato e umiliato**.*

*Mi spiego meglio, alle medie ho sofferto di bullismo e quando ne parlai con la mia prof di *** mi rispose testuali parole: "non mi stupisce questa cosa **guarda come ti vesti!**".*

Da lì ci ho messo una pietra sopra, accettato gli insulti dei miei compagni pensando che prima o poi quel capitolo si sarebbe chiuso. Arrivata alle superiori, poco è cambiato, non soffrivo più di bullismo, ma una professoressa mi iniziò a prendere di mira.

*Tutto iniziò con la prima verifica di *** dove presi 4-, lei mi disse: "Tu avendo il certificato **DSA**, avevi anche la verifica più facile e sei riuscita a farmi **uno schifo del genere?**".*

*Da quel momento, oltre a ritirare il modulo DSA, mi sono fatta in quattro per migliorare. Sono passata in terza superiore senza prendermi il debito ma la situazione non è migliorata. Lei, ogni volta che voleva anche a distanza di una settimana, mi interrogava pur sapendo che io soffrivo/soffro d'ansia; così io la sua materia ho iniziato a vederla come il mio più grande **ostacolo**, che mano a mano si tramutava nella mia più grande **paura**. Ad oggi la situazione è rimasta la* *medesima ma un episodio particolare mi ha fatto riflettere particolarmente.*

*Quando è stato deciso di fare il viaggio di istruzione a *** bisognava dare conferma entro due ore e informare i genitori del prezzo della caparra da versare entro tre giorni.*

*Io, parlandone con mia mamma (preciso che solo lei economicamente mi mantiene), ho ritenuto giusto dire che non ci sarei andata. Quando l'ho comunicato alla professoressa mi sono sentita dire: "**ora che hai ricucito i rapporti con tuo padre, chiedi a lui i soldi!**" poi: "**tu stai mentendo! I soldi li hai** semplicemente ti vuoi assicurare l'estate!".*

*Non ho replicato molto anzi ho tirato dentro le lacrime per l'**umiliazione** e l'unica cosa che ho fatto è stata abbracciare mia madre perché solo IO e LEI sappiamo qual è la nostra situazione.*

*Ad oggi, dopo aver subito MOLTE violenze da parte dei professori, ho **paura** a voler finire la scuola, proprio perché ognuno di loro sta annullando la ragazza allegra e solare che amava studiare. Ora **piango sui libri pensando di NON essere abbastanza**, tremo al pensiero di fare una verifica perché non voglio sentirmi dire "tu non sai scrivere".*

*Ad oggi sono stanca, ho smesso di amare lo studio, ho smesso di farmi piacere i libri che ci danno. Ho semplicemente smesso perché **ormai ci sono riusciti ad annullarmi.***

Che guardare in tasca alle persone sia una azione abbastanza poco in linea con le attuali convenzioni sociali è cosa nota ai più.

La scuola a volte vive di convenzioni proprie.

Volevi solo soldi, soldi...

Come se avessi avuto soldi, soldi...

Esempio concreto n. 26.

*Vengono fatti i **giudizi continui su qualsiasi cosa**. Un esempio: a me quest'anno mi è capitato di non poter andare in gita per problemi economici (la gita costava 1500 euro totale) e dai professori mi sono sentita dire (alle spalle) che non venivo in gita perché non veniva la mia migliore amica e che usavo la scusa dei **soldi** per non venire. Ma io mi chiedo ma come si può permettere una persona a giudicare lo storico economico di una persona.*

Mission

Se è un *prof* a riversare le proprie frustrazioni sugli altri va bene; se è una persona diversa, allora deve imparare a controllarsi.

Due pesi e due misure?

Esempio concreto n. 55.

*Personalmente ho assistito spesso a docenti che mettono a **disagio** gli studenti, nel nostro caso spicca in particolare la professoressa di *** che è solita sfogare le proprie **frustrazioni** sugli alunni attraverso valutazioni basse, interrogazioni con una sola domanda senza possibilità di replica, manifestando il proprio dissenso e disappunto nei confronti delle conoscenze e spunti personali secondo lei assenti da parte degli alunni, mettendo in risalto **freddezza** e **poca empatia**.*

*Anche ieri stesso assistito una polemica feroce con il prof di ***, dopo che lui stesso ha esclamato: "dopo la gita il nostro rapporto si è deteriorato sempre di più ed ora non andiamo più d'accordo", **colpevolizzandoci** dell'unica e sola problematica che interessa ai colleghi di classe, ovvero le **valutazioni** basse. Anche le preferenze* *spesso emergono, percepisco spesso che le **valutazioni** dipendono più dalla giornata storta del prof che dalla vera conoscenza nostra intesa come alunni.*

*Ritengo l'insegnamento un mestiere nettamente difficile, probabilmente bisognerebbe renderlo come una "**missione**" allo scopo di tirar fuori il meglio gli studenti. Tuttavia tra "gap" generazionale, **poca empatia** e **polemiche quotidiane** la scuola e i prof si sta avviando verso una direzione opposta e sbagliata.*

Percependo i prof come persone abbastanza "estranee" a noi cerco sempre di evitare polemiche e mantenere un certo "sano" distacco da loro, vedendo nella mia ottica come l'avversario e lo sconfiggere in una sfida quotidiana, più che persone per la nostra crescita personale.

Frustrazioni

Già le relazioni sono piene di "malesseri" (le cui prestazioni sono accuratamente registrati in appositi quaderni): almeno a scuola possiamo immaginare un ambiente sano?

Esempio concreto n. 27.

*Credo personalmente che l'ambiente scolastico italiano sia molto **tossico**, sia per la sua organizzazione ma soprattutto per la presenza di insegnanti a cui il proprio lavoro non piace per niente e sfogano a loro **frustrazioni** sui loro studenti.*

Voi al pomeriggio dormite solo

Altra testimonianza firmata. Parla di fatti raccontati anche da altre persone che —più o meno— hanno percepito gli eventi in modo assai simili.

Esempio concreto n. 62.

In questa scuola ormai ho passato cinque anni e i ricordi con i professori sono più negativi che altro. Dalla prima alla quinta ha avuto diversi episodi, molti rimossi come si tende a fare le cose brutte, altri mi hanno lasciato una ferita più grande del previsto.

In prima ho avuto una prof di *** che **ciò che vedeva era solo un voto**. Più volte nonostante io provasse impegnarmi nelle sue materie, non c'era mai un miglioramento, anzi... spesso trovandomi in DAD la prof mi faceva correggere i compiti, ma si rivolgeva così a me: "***, correggi tu tanto **sicuramente** li hai sbagliati", per non parlare di tutte quelle volte che davanti a 25 persone mi urla in faccia perché sbagliavo un esercizio, chiudendo così la lezione scappando in lacrime.

Questi sono solo pochi degli esempi con questa prof. Ma uno può pensare che sia solo una casualità che quindi se fosse davvero così non si dovrebbe ripetere, giusto?

Beh è successo **con più docenti**, un altro esempio: la mia prof di *** di quest'anno. Molti di noi non abbiamo letto i libri che lei ci aveva assegnato: un po' per la poca voglia, un po' perché siamo stanchi, un po' perché chi come me sta studiando per inseguire il proprio sogno, perché proprio come Lei mi ha insegnato, che sin dalla prima cerca di farci capire i nostri sogni e come realizzarli ci ha anche insegnato (in prima) di partire da ciò che per noi è importante e non da cosa dobbiamo fare.

Tornando però al discorso della prof di ***, quando si è resa conto che in pochi avevano letto i libri ci ha detto: **"perché voi al pomeriggio dormite solo, è inutile che studiate per l'università tanto non entrate e rimarrete qui"**. Ad oggi le vorrei dire che magari all'università non c'entrerò ma almeno non rimarrò in questa scuola come lei.

Con questa prof qualche settimana fa mi è successo un altro episodio. Avevo l'interrogazione partendo da un'immagine, inizio così a parlare di un argomento, *ritenuto da lei poco coerente con l'immagine nonostante non conoscesse le tematiche del testo proposto. Inizia così a bloccarmi più volte e mettendomi sempre più a disagio, fino a quando le mie mani tremavano il cuore, il cuore batteva forte, e la voce non usciva.* **Non capendo la situazione** *mi invitava a parlare, ma non riuscivo. Terminata le interrogazioni* **mi comincia a urlare in faccia, perché avevo sbagliato una parola** *e così sono scopate e piangere. Non tanto per il voto, ma per come sono stata trattata e al fatto che nonostante le cose che avevo detto erano giuste il voto rimaneva comunque negativo.*

Personalmente vorrei che le persone dormissero di più: pare che il sonno sia una componente fondamentare per il benessere fisico e mentale. Pare allunghi anche la vita!

Violenza

«Ne consegue un concetto della **violenza** come **fatto sociale**»[8].

Se questa è scuola

Il testo che segue riassume con precisione e puntualità quello che sento nei corridoi e nelle aule.

Esempio concreto n. 11.

A scuola non si può parlare di violenza fisica ma psicologica sì.

Credo fortemente e vedo ogni giorno che le **parole** *vanno e vengono come il vento. Non si dà per niente peso alle* **parole***. Ma il punto è che lo si fa* **intenzionalmente***, per* **esagerare***, per* "**minacciare**" *leggermente, comunque noi lo subiamo. Lo stesso noi le sentiamo. E a lungo andare entrano in noi come un gas in odore.*

Mi sono sentita dire molte volte che questa non era la scuola per me o "guarda che la bocciatura è dietro l'angolo" e non per spronarmi a fare meglio ma per **terrorizzarmi** *e magari sperare che la* **paura** *mi facesse da carburante. Ed è così che ho iniziato a vedere la scuola con occhi diversi: non è più un luogo dove imparare a crescere ma un luogo in cui prendere bei voti. Studiare e prestare attenzione in classe per poi fare la "verifica" (non di quanto ho capito ma di quanto ho prestato attenzione)* **scordarsi** *tutto dopo di essa. Questa monotonia a lungo andare diventa stancante e ancora più noiosa. Fa perdere voglia. Interesse. Creatività. Genuino desiderio di conoscere. Il punto di tutto ciò è che non è così esplicito.*

---

[8] Definizione tratta dalla pagina *web* https://www.treccani.it/vocabolario/violenza/ (consultata il 18 agosto 2024).

*Siamo già **abituati** dalla tenera età ad affrontare una istruzione del genere e pensiamo quindi che sia la **normalità**. È come se avessimo una benda sugli occhi. I problemi però ci sono e saltano alla galla ma non vanno più oltre di una protesta o "occupazione". Ci rendiamo conto che **qualcosa non va bene** ma la salute mentale non è presa così seriamente e i miei coetanei stessi non ne sanno mezza. Di conseguenza ci sentiamo presto, in **un mare di squali** senza arpione per proteggerci e con solo una rabbia dentro che viene spenta dal mare.*

*La **violenza** è sottile arriva infidamente da molte direzioni (prof che creano una connessione strette che poi se non fai i compiti ti guardano male con uno sguardo deluso e ti fa sentire in colpa; oppure prof che non ascoltano le nostre richieste non ci vengono incontro con una soluzione che vada bene ad ambedue le parti). Ma c'è.*

*Io personalmente mi sento in una **corsa** (questo mi fa molto arrabbiare, e forse la mia top numero uno dei problemi che odio a scuola) in cui nessuno può andare al suo ritmo. E questo fa sentire **incapaci**, **falliti**, alcuni si tagliano per questo. Io dopo la bocciatura ho aperto gli occhi ho deciso di guardarmi con affetto. Se non l'avessi fatto io nessuno a scuola l'avrebbe fatto.*

E chi se ne frega?

Pare che i servi della gleba siano molto poco contenti della situazione. Sono sicuro che noi *prof* possiamo fare di meglio.

Esempio concreto n. 24.

È ormai da due anni che io non ho tempo di fare nulla se non studiare, studiare, studiare. Quest'anno volevo cominciare palestra ma non mi sono abbonata perché ho notato che non avrei avuto il tempo di andarci.

Io lo considero una **violenza** perché noi alunni siamo considerati *"macchine"*. Dobbiamo **sempre** essere sul pezzo, impeccabili e stare alle **regole** e **ordine** dei professori a cui non frega nulla di noi e della nostra salute mentale. Ci ritroviamo con settimane piene di verifiche e interrogazioni, dove l'unica cosa da fare studiare da mattina e sera e dormire sì e no quattro ore.

Se proviamo a lamentarci veniamo **zittiti** perché "la **legge** dice che possiamo fare tutte le verifiche che vogliamo a settimana", oppure "il **regolamento** scolastico non vieta di fare tante verifiche a settimana". Io penso che nascondersi dietro *"legge"* o il *"regolamento scolastico"* sia da **codardi**. Non è umano ridurre i ragazzi di 16/17 anni a vivere sui libri non lasciandogli lo spazio di svolgere altre attività durante la giornata.

Io per esempio mi sveglio tutti i giorni alle 5:40, vado a scuola per cinque/sei ore, torno a casa, mangio e studio per altre cinque/sei ore, ceno, e vado a letto. Adesso ditemi cari professori, è normale che ragazzi di 16/17 anni vivono una vita così vuota? Ovviamente la **vostra risposta** sarà che io non mi so organizzare. Mi dispiace ma non sono d'accordo. Confrontandomi con altri miei compagni ho avuto conferma che più della metà della gente è messa così. **Dov'è finita l'umanità?** Dov'è finito il così prezioso *"rispetto"* di cui ci parlate sempre? Se siamo più giovani di voi non avete alcun **diritto** di dire o fare ciò che vi pare, pensando di essere giustificati.

Siamo persone esattamente come voi, proviamo stress e sentimenti esattamente come voi. Però ricordiamoci che **l'unica cosa che conta e prendere un 6** nella verifica, sì, giusto.

La scuola italiana, i professori italiani stanno facendo esaurire i giovani. Non voglio sembrare adolescente ribelle alle regole, sono semplicemente **stanca** di essere **schiava** di altre persone.

*Le crisi di **pianto**, le **crisi** nervose l'**ansia** costante in cui viviamo.*

*Mi sorprendo che non proviate **compassione** nel vedere le nostre facce solcate da occhiaie chilometriche ogni giorno. La scuola dovrebbe essere un posto piacevole, e dove si insegna gli studenti come sta al mondo, senza portarli a vivere vivere col **vuoto** dentro.*

*"*** vuoi uscire a fare una passeggiata?" mi chiedono i miei amici, e io abitualmente rispondo "**no, devo studiare**". "Andiamo a mangiare fuori?" "Vieni a casa mia?" "Vieni da me in cimitero a salutare la nonna?" La risposta sarà sempre: "**no devo studiare**".*

*Questa è una **violenza** a cui nessuno dà il giusto peso.*

*Bravi, continuate a ridere e a prenderci in giro quando diciamo di essere stressati, poi non piangete però quando arrivano le notizie di **studenti che si uccidono**. Per non parlare poi del **comportamento** di certi professori "questo compito hai fatto con i **piedi**, scritto da **cani**, non stiamo parlando di **Topolino**, stiamo parlando di Shakespeare" ma io dico, invece di dirmi che il compito non è andato bene devi per forza **umiliarmi** davanti a tutta la classe, **sminuendo** il mio lavoro e il mio impegno. È veramente così **necessario**? Poi sarò io permalosa, ma sinceramente non capisco la voglia di, scusate il termine, sfracassare le palle così ad uno studente. Piuttosto di farmi sentire un **fallimento** a 360°, taci, che che ho già una grande bassissima autostima.*

*Detto ciò, un foglio non mi basta per elencare tutti i problemi che causa la scuola, ma spero che con questo semplice pezzo di carta **i professori cambino**, perché per loro siamo sempre noi quelli in difetto.*

Guerra persa

Anche questo testo rappresenta situazioni che a me paiono comuni a molte (troppe) persone.

Esempio concreto n. 12.

*Qualche settimana fa ho avuto l'interrogazione di ***, per la quale mi sono preparata per giorni, seguendo ogni lezione, prendendo appunti, guardando dei video per capire meglio e soprattutto ripetendo voce alta fino allo* **sfinimento** *come mi è sempre stato consigliato di fare. Arrivata all'interrogazione mi sentivo preparata perché sapevo di aver fatto il mio dovere, il* **problema** *era un altro; la professoressa e il dover affrontare la sua interrogazione.*

Sin dalla prima l'ho sempre **temuta***, per questo motivo seguivo suoi "consigli" finché non sono arrivata al punto di* **odiare** *la sua materia. Io amavo [nome della materia] e lo volevo imparare più di qualsiasi altra lingua, ho iniziato a non volere più saper niente di quelle cose. Nonostante ciò ho* **provato** *a recuperare quell'interesse facendo delle cose a casa mia ma poi tornavo a scuola e quell'****odio*** *superava tutti gli sforzi fatti. Perché alla fine io non volevo odiare [nome della materia] solo per colpa di un insegnante, un insegnante che ogni volta che mi interroga mi fa sentire una* **nullità***, una ragazza che è a casa non studia o se studia lo fa in modo sbagliato perché quando parla si* **blocca***, perciò risulta che non sa fare niente ma quella prof non sa che se mi blocco è solo per colpa sua e per la situazione critica che crea, non sa come si gestisce l'****ansia*** *in quel momento, non sa che quella ragazza ha* **paura** *di dire una cosa sbagliata solo perché poi le viene detto "se lo dici un'altra volta ti rimando/ boccio".*

Alla fine io non ho mai mollato di controllare l'ansia ed impegnarmi ma lo faccio **solo** *perché sento che è il mio dovere non perché voglio stare bene e imparare cose nuove.*

*Col tempo ho fatto dei miglioramenti, dopo tanti episodi che mi sono capitati ma evidentemente non servono a niente oppure mi sbaglio e in realtà non ho fatto nessun passo avanti perché a quanto pare il mio carattere **non** va bene e lo capisci quando un prof ti dice " ma il tuo carattere è sempre stato così?" ed è lì che ti fai delle domande.*

*Nonostante tutti gli sforzi ti senti dire "all'esame di Stato che fai? La scena muta?" Mentre dentro ti senti esplodere e le vorresti dire tutto ciò che pensi e fai ma se hai già che è una **guerra persa** e che vedrai quello stesso voto nella casellina su Classroom che non è cambiato da quattro anni.*

I pe me tu pe te

Il fallimento di una persona in classe è anche il fallimento del *prof.* Con il vantaggio che i *prof* possono passare di fallimento in fallimento, e *ciaone*. Del resto magari possono anche esserci abituati.

Esempio concreto n. 72.

*Non sono mai stato un ragazzo normale io. Sempre stato l'**eccezione** non positiva. Il bambino che alle elementari veniva preso in giro. Il ragazzo che riceve sguardi giudicanti seguite da risate. Alle elementari fui **vittima di abuso sessuale** da un compagno di classe. Ero "innamorato" di una ragazza che mi prendeva in giro.*

*I miei genitori non mi hanno insegnato niente su come comportarmi, come vestirmi, come studiare se non **rispettare i più grandi** (ho fatto la primina). Ma pretendevano che io l'**eccezione**. Il ragazzo con tutti 10 che aiutava tutti. La mia generosità non ha portato a niente.*

*Le maestre dicevano che il mio comportamento peggiorava di volta in volta. **Non gli interessava** di quello* *che avevo passato, ai colloqui dicevo il peggio di me. Alle medie la situazione sociale migliorò. Di poco ma meglio di niente.*

La ragazza ora mi metteva in cattiva luce per tenersi il suo posto da principessa, la popolare della scuola o quello che era.. oltre ovvio a ricevere attenzioni maschili. Avevo trovato un gruppetto di amici.

*I miei genitori sono ancora delusi perché non ho tutti 10 ma ero come gli altri.. o almeno quasi. Non so ancora oggi come studiare. Alle superiori trovai un amico ed era tempo di covid. Verso la fine dell'anno mi trasferì 30Km lontano da scuola. Fui bocciato. **Socialmente** iniziai ad essere meglio ma di pochissimo. Ancora non sapevo come si studia. Ancora ero sempre più sotto pressione dalla scuola.*

*Conobbi una nuova prof dico solo che la prima verifica con lei quasi nessuno prese più di 1. Di tutte le 3 classi che aveva almeno il 70% prese 0. Qualcosa. Altri professori erano "normali". I rimanenti mi tiravano frecciatine per il mio modo di vestire, essere e aspetto fisico. Trovai una ragazza di cui l'amore non era ricambiato, il quale stava peggiorando la mia **salute mentale**. Quell'anno fui rimandato. Almeno 50 studenti solo per la famosa prof In teoria l'orale doveva finire alle 9:30. Abbiamo iniziato alle 11:00. Senza pranzare dovetti correre a fare lo scritto di un'altra materia. Come se non esistesse nessuna materia se non la sua. Avevo il 2° quadrimestre giù ma il primo su e tutto il tempo e dirmi "ma ti metti giù a studiare? Andavi bene prima." **Come se lo facessi apposta**.*

*Il primo giorno del secondo anno mi interrogò e mi mise tre per "avvertimento che sono stato graziato a Settembre." L'anno vola e la mia **salute mentale** continua a peggiorare. Guadagno 200€ facendo tavole e compagni di classe e finisco per essere bocciato. Mi trovo quest'anno con una classe nuova. Argomenti nuovi che* anno scorso non avevamo nemmeno accennato. La famosa prof mi **perseguita**. Quest'anno ha mostrato il suo meglio. "Tua madre ti picchia?" "Ti lasciano i lividi?" "Fammi vedere i lividi" "non ti picchiano abbastanza" il suo modo di spiegare però è consistente. Le slide spiegate in 1 ora e mezza. L'argomento? ***, legge di ***, ***, ***. Per chi non lo sapesse sono minimo 3 ore di spiegazione.

Mi ha preso di mira chiedendomi quando recupererò. "La settimana dopo ho scritto che interrogo sugli argomenti nuovi (circuiti) e poi c'è la verifica." Verifica che annullò. Motivo? **Siamo cattivi**. La classe che i professori in consiglio di classe dicono che è troppo silenziosa. "Non vi fate interrogare. Io settimana scorsa avevo scritto quello ma intendo anche argomenti vecchi." Che senso ha? Anche se fosse lei ha detto a me davanti a tutti che non mi avrebbe interrogato su cose vecchie. Ah e.. non mi ha più interrogato e mi è costato l'anno. Ho detto "voglio farmi interrogare." Mi ha detto sì. Non mi ha interrogato. Ora. Io mi sto focalizzando su una professoressa e sopratutto l'ultimo periodo in cui la mia **salute mentale** è crollata. Ma potrei avanti ore e ore. Di come sono insonne da quasi un anno. Di come non riesco fisicamente studiare perché ho in testa domande. Di come **quei così chiamati adulti ci trattano come niente**. Cose che il mio datore di lavoro non avrebbe mai fatto. Di come i miei mi guardano pentendosi di avermi creato perché non ho tutti 10. Di come **loro hanno il diritto di bocciarci ma noi non possiamo bocciarli. Il nostro fallimento è anche il loro fallimento ma ne paghiamo solo noi le conseguenze.** Io ho pagato grandi amicizie quest'anno **per colpa loro**. Anche colpa mia ma purtroppo non posso far finta di niente sulla mia vita privata.

Cattivissimo tu

Non discuto in nessun modo le ragioni dei *prof*: saranno sicuramente tutte valutazioni oggettive, ponderate, riflettute. Il punto è l'effetto. Oggi noi *prof* non possiamo più ignorare le conseguenza che le nostre parole e azioni hanno in un ambiente "di reclusione" come la scuola.

Esempio concreto n. 73.

*Volevo parlarle della situazione scolastica con la professoressa di ***. Il 9 maggio la prof di *** mi ha interrogato perché ero mancato nell'ultima verifica ed avevo il gesso al braccio destro di conseguenza non potevo scrivere. Io, sapendo le domande che aveva chiesto nella verifica tramite i miei compagni, pensavo di aver studiato abbastanza; ma alla fine mi ha fatto fare esercizi complicatissimi e inoltre me ne ha fatto fare uno che non avevamo mai fatto sugli ***. Di conseguenza mi sono trovato un 4 sul registro perché la prof non me lo ha neanche detto dal vivo.*

Questa non è la prima volta, lo aveva già fatto altre volte con altri compagni.

*La sera stessa quando ero nel letto, ho ripensato al 4 e mi sono messo a **piangere** perché avevo un mix di emozioni tra **rabbia** e **delusione**. Mio padre avendomi sentito piangere si è preoccupato e il giorno dopo, lui insieme a mia madre, hanno mandato una email alla prof di *** (10 maggio). E ad oggi 27 maggio la prof di *** non ci ha ancora risposto e non mi è neanche venuta a parlare.*

*Inoltre il 21 maggio la prof è entrata in classe che doveva interrogare. Il primo ad essere interrogato sono stato io che venivo da un periodo in cui avevo preso 4 e in cui mi ero tolto da poco il gesso. Mi ha interrogato su un argomento che aveva spiegato in una settimana senza fare esercizi. Alla fine sono riuscito a prendere 6 però ero **incazzato** comunque perché non capivo se la prof sapeva la mia situazione. Inoltre, oggi 27 maggio, la prof ha fatto* *una verifica su un argomento che aveva spiegato poco senza fare esercizi.*

*La verifica è stata fatta SOLO ed ESCLUSIVAMENTE alla nostra classe (non alle altre classi dello stesso indirizzo) e la risposta della prof quando le abbiamo chiesto perché ce la avesse fatta fare solo a noi è stata perché **siamo stati cattivi.***

*Inoltre durante la verifica la prof non faceva altro che **prenderci per il culo**, parlava di altro e dava molto fastidio essendo che era una verifica in cui bisognava prendere per forza sufficiente perché mancano 10 giorni alla fine della scuola.*

*È difficile spiegare le emozioni che provo però le principali sono **rabbia**, **tristezza**, **delusione** e sono **demoralizzato**. Provo queste emozioni principalmente perché mio padre mi aveva promesso che se avevo tutte le materie sufficienti mi faceva fare la patente. Mi sono impegnato tantissimo per averle tutte su ma questa prof **sembra proprio che mi voglia male**, che mi voglia bocciare o rimandare. Io non so come fare sono **incazzato** nero.*

Il SottoSopra

L'interrogazione programmata prevale sui lutti e sui vissuti. Vale anche per i *prof*?

Esempio concreto n. 21.

*Mi è capitato di sentire **disagio** anzi **rabbia** quando durante una verifica orale mi sono state fatte domande più difficili solo perché a causa di problemi di salute non ero stato presente il giorno fissato per l'interrogazione. Questo è l'anno scorso sono stati molto pesanti e colmi d'ansia credo proprio per la mancata **compassione** dei prof.*

*Per esempio quest'anno a dicembre è venuto a mancare mio nonno, i miei parenti abitano in *** perciò mi sono vista costretta a dover partire di mattina presto per salutare l'ultima volta mio nonno; peccato che quella era proprio il giorno in cui avevo programmata l'interrogazione di *** che ovviamente ho saltato. Al mio ritorno dopo le vacanze natalizie, nonostante lo avessi chiesto, nessun professore era a conoscenza di ciò che era accaduto perciò fu difficile far loro comprendere le motivazioni per la quale la riparazione su ciò che era da studiare non fosse adeguata, ciò però non serviva a nulla tanto che sono dovuti intervenire i miei genitori perché* **noi studenti non possiamo avere un rapporto con i prof.**

Aìza 'ncuollo e vattènn

Andrà in altra scuola «per avere nuove motivazioni nello studio». O almeno per togliersi l'etichetta di "perdente".

Esempio concreto n. 71.

Ci tenevo a dirle che l'anno prossimo cambio scuola, dato che ormai, come forse le avevo anticipato, non è più il mio posto. Un po' per ambiente **tossico** *e un po' per i* **problemi causati dai professori** *non mi sento più a mio agio, restare qui è come una battaglia persa, più mi impegnavo e più i miei sforzi non venivano minimamente considerati, in quanto ormai io fossi già stata* **"etichettata".**

Minacce

A volte il comportamento dei *prof* viene percepito come una minaccia o un ricatto.

Una bella lezione

Ma davvero?

Esempio concreto n. 49.

*Secondo me essere **minacciato** di essere bocciato è definibile violenza, soprattutto se si usa un lessico inappropriato come "tu pagherai" o "ti daremo una bella lezione". Essendomi stato detto da un professore mi entra da un orecchio e mi esce dall'altro ma non mi sembra il modo giusto di rivolgersi a un ragazzo che ha problemi di studio.*

Imitazione

Anche la paura, secondo me, è un effetto di una velata minaccia che porta a comportamenti lontani dai propri.

Esempio concreto n. 33.

*Forse quando, per una sciocchezza, i prof inizia a deriderti portandosi dietro il resto della classe, a cui magari non frega nulla, ma per **paura** del prof lo **assecondano**. In queste situazioni ti ritrovi, oltre al prof, tutta la classe e io personalmente non so come reagire. Anche se sono rari questi momenti si fanno sentire.*

Furbetti

Non so se si tratti di un fenomeno proiettivo (ovvero lamento agli altri lo stesso comportamento che personalmente adotto) o di scarsa fiducia nei confronti degli altri, però a volte la differenza tra un *prof* ed un datore di lavoro tiranno è meno ampia di quanto si vorrebbe.

Esempio concreto n. 27.

*Un'altra cosa che mi è venuto in mente che ritengo essere una vera e propria violenza sono le **assenze**. Quest'anno ho avuto il **terrore di ammalarmi** per questo motivo, molti insegnanti di questa classe non ci permettono di assentarci, ci **minacciano** ritengono che i nostri malumori siano sempre solo **scuse** per non presentarsi. Il nostro diritto assentarci, il nostro diritto a stare a casa il sistema male nessuno può contestarcelo a meno che non si tratti di assenze strategiche o che il limite sia stato superato.*

L'urlo di ~~Munch~~ Prof

Il tema del giudizio è ricorrente.

Potremmo sostituire "giudicare" con "valorizzare"?

Esempio concreto n. 48.

*La scuola a mio parere è composta per la maggior parte da docenti e professori che al posto di motivare il proprio studente, lo **umiliano** (il più delle volte anche senza un vero e proprio motivo).*

Tutto iniziato all'elementari quando ero molto piccola.

*Ricordo che è stato lì il momento in cui ho iniziato a vivere la scuola con grande **angoscia**. Questo perché più volte mi sono ritrovati in una situazione dove sono stata **accusata** di qualcosa che non ho commesso. Mi è stata attribuita una **colpa** che non mi spettava. All'età di otto anni, infatti, sono stata **traumatizzata** dalle **urla** della mia insegnante di *** che sosteneva avessi copiato dal compito di una mia compagna di classe. Ciò perché aveva trovato lo stesso errore.*

La cosa più eclatante è stato il fatto che io e la mia compagna eravamo sedute dalla parte opposta dell'aula, ma nonostante questo, la nostra insegnante sosteneva che ci fossimo suggerite.

Anche se fosse stato effettivamente così, **urlare** e soprattutto rendere pubblico l'accaduto davanti al resto dei compagni è stato qualcosa che mi è rimasto dentro e che al posto di farmi capire un errore, del quale non avevo nessuna responsabilità, mi ha solo fatto diventare **intimorita** rispetto ad una realtà che coinvolge gran parte la mia quotidianità. È da quel momento, che ad oggi, ritengo il sistema scolastico molto tossico. Esso infatti si concentra nel vivere e nel basarsi sul **giudizio** degli altri in questo caso dei professori che portano sulla coscienza anche in certi casi la salute mentale dello studente. Se infatti lo studente ha un carattere molto fragile, potrebbe essere segnato a vita, da determinati accertamenti che si possono definire violenti.

Sono quello che faccio?

Quanto sento questa frase, penso a quando le persone vanno al cesso, e si siedono prendendo in mano un pezzo di carta igienica.

Davvero le persone sono quello che fanno?

Voto o non voto, questo è il dilemma

Nella scuola ove insegno alla fine dell'anno vengono premiati sia chi ha il voto più alto sia chi è migliorato di più.

Mi è sempre parsa un'ottima idea!

Poi però leggo quello che mi scrive questo studente e due domande torno a farmele.

Esempio concreto n. 34.

*Siamo costantemente presi in giro dai prof che ci dicono sempre che i **voti** non contano e poi in qualsiasi contesto viene premiato che i **voti** più alti.*

Le estrazioni del lotto (o del 4) sulla ruota di Bologna

Se un sistema di misura fa sentire sbagliati, forse ha qualcosa che non va.

Esempio concreto n. 57.

*Diverse volte mi sono sentito **oggettificato** da un voto, come sono un singolo numero riflettesse ciò che sono.*

*Penso che il sistema di valutazione sia sbagliato perché fa **sentire sbagliati gli studenti.***

*Molto spesso mi sono sentita di non essere all'altezza delle **aspettative** dei professori.*

*Quando sono a casa mi capitano spesso **attacchi d'ansia** ripensando "come potrebbe essere andata alla verifica" o "non sono sicura che ciò che ho studiato sia abbastanza".*

I professori ripetono di continuo che il voto non identifica il singolo alunno invece penso che alcuni professori si basino sulla prestazione dello studente per poi valutare la persona che hanno davanti. È capitato diverse volte che i professori non ci ascoltassero mentre esponevamo un problema evidente all'interno della classe.

*Ci trattavano con **superiorità** dicendo che ciò che esponevamo non era di loro competenza o che erano loro i professori e l'importante era la scuola e non **la salute degli studenti**, perché tanto siamo noi che abbiamo scelto un liceo e al liceo bisogna studiare e pensare in primis alla scuola e poi a tutto il resto. La scuola mi avviso non porta la felicità.*

Il voto alla persona

A volte capita che il voto non vada alla prestazione, ma alla persona. Per la mia sensibilità, è una oggettificazione.

Ma davvero nel 2024 abbiamo ancora bisogno di dare voti?

Esempio concreto n. 63.

*È capitato tempo fa, e continua a capitare, episodi in cui i professori fanno visibilmente le preferenze. Un esempio: l'anno scorso come anche quest'anno in certe materie non riesco a dare il mio massimo, e questo è dovuto al fatto che quando al tempo ho cominciato a ricevere "3" come voto di due verifiche, da lì in poi **il professore ha cominciato a guardarmi in modo diverso** per i corridoi, ad avere un atteggiamento differente, come ad esempio anche solo dicendo "ovviamente lei è andata bene, quindi? Iniziamo a studiare?" (parlando alla* *classe ma facendo riferimento a una mia compagna che va bene in tutte le materie).*

*Dato che questa frase la disse guardando fisso me negli occhi, mi sono sentita attaccata, e nella mia testa è scattato il pensiero "**non ho capito niente e non capirò mai niente**".*

Può sembrare stupido, ma io vengo molto influenzata da come gli insegnanti si porgono nei miei confronti, e da quel momento lì faccio più fatica a non arrendermi al primo "fallimento". La considero violenza in quanto con quelle parole, con i piccoli gesti anche durante la lezione, io mi sia cominciato a sentire inferiore, non consono a quell'ambiente e non all'altezza di certe persone o situazioni. Ho cominciato a utilizzare "metodo di scoraggiamento" anche nelle altre materie, e per quanto mi sforzo mi viene molto complicato di staccarmene. Ciò comportò anche la mia bocciatura.

Un esempio simile potrebbe essere anche quando io do tutto quello che posso ma (nemmeno io so il motivo forse) non riesco a "portarlo" appieno nei compiti in classe, e mi sento dire continuamente da un professore "non studi e non hai mai studiato". Questo mi porta ad avere sempre meno motivazione, nonostante, forse, questo sarebbe il modo di motivare gli studenti secondo il punto di vista dell'insegnante.

Dov'è la vittoria?

Dubito che nel 2024 per educare occorra dare voti o articolare la società in caste basate sui giudizi espressi dai prof.

Esempio concreto n. 38.

*Secondo me, la scuola è violenta quando reca importanza unicamente ai nostri **voti** e non la nostra **persona**. Essa dovrebbe formare anche dei **cittadini** e* *degli **umani**, oltre che degli studenti. Spesso, chi riscontra maggior fatica ad affrontare lo studio viene trattato come **inferiore** e non gli viene concessa alcuna possibilità di salire "piramide scolastica". Allo stesso modo, la scuola istiga chi ottiene i migliori risultati a lottare per il vertice con estrema durezza, senza potersi permettere errori o pause per dedicarsi alla sua salute mentale e fisica. È questo il modo di **educare** una generazione fresca e ancora piena di energie?*

È per te ogni cosa che c'è

Obbligare forse una volta era utile. Oggi direi di no.

Esempio concreto n. 44.

*Secondo me la scuola è violenta quando mi fa sentire **obbligato** a studiare per **compiacere degli adulti**, e non me stesso. Io vorrei studiare qualcosa che mi piace, così mi verrebbe più spontaneo e lo farei più volentieri.*

Potrei anche mettermi a non studiare le cose che non mi piacciono, ma in realtà non posso, dato che ormai gli adulti si aspettano che io lo faccia.

Quindi lo faccio e poi mi scordo tutto il giorno dopo, perché lo faccio solo per il voto. La scuola ci ha sempre insegnato così. Se non studi sei stupido, e quindi devo studiare per essere "accettato" dagli adulti. Se non studi se non nullafacente, ma magari gli adulti devono capire che se qualcuno non studia è perché si sta concentrando in qualcosa che gli piace ed è più utile per lui.

*Secondo me si è perso un po' il **focus** della scuola, si dovrebbe studiare per arrivare a degli **obiettivi**, i quali la scuola a volte può aiutarti a raggiungere, mentre nella realtà si studia per studiare, per **compiacere** gli altri (genitori o insegnanti).*

*La vita non è basata sullo studiare, se questo però ti aiuta ad arrivare ad un tuo **obiettivo**, va bene, perché è una cosa che fai per te.*

Invece, io appunto credo che ormai la scuola è violenta perché nessuno lo fa per se stesso, ma lo fa per i genitori o gli insegnanti.

Vado al massimo

A volte ci si dimentica di riconoscere per persone per chi sono.

E così, si perde.

Esempio concreto n. 43.

*Uno degli aspetti più **demoralizzanti** della scuola, secondo me, è il fatto che spesso non venga apprezzato, ma anche solo riconosciuto, l'**impegno** che uno studente ci mette. Tutti gli **sforzi** che si fanno per cercare di migliorare e anche di migliorarsi, finiscono spesso in un "semplice" 6 (o anche peggio), in un semplice "potevi fare di più", "potevi impegnarti di più" "questo non è il tuo massimo".*

*A volte vorrei registrarmi a casa per mostrare i professori il mio "potevi fare di più". Il **massimo** di ognuno di noi è soggettivo e, per me, è violenza anche solo il volerlo imporre, entrare nella testa di uno studente ed **imporre asticelle e standard predettati secondo il loro volere.***

*Secondo me, se i professori iniziassero ad apprezzare anche le piccole cose, i piccoli **miglioramenti** di ognuno di noi, la scuola inizierebbe ad essere un luogo meno opprimente e impegnativo a livello mentale, aspetto che spesso gli adulti tralasciano. Spesso pensano a noi come se fossimo "macchine", senza ragionare anche su ciò che una semplice frase può provocare nella mente, "luogo"* *più complesso di un essere umano ma anche, a volte, il più sottovalutato.*

C'era una volta

Una volta certe battute si potevano fare.

Una volta, *forse*.

In altro modo, *forse*.

Con altre persone.

Oggi no.

No.

.

Col senno di poi

Quello che i *prof* vedono può differire dagli effetti che si manifestano col tempo.

Esempio concreto n. 16.

Un docente mi ha preso in giro **scherzosamente** *per un errore che ho commesso durante un'interrogazione. All'inizio non ci ho pensato, ma poi ho realizzato cos'era successo e ci sono rimasto* **male**.

Battute infelici

Tutti possono sbagliare, perfino i *prof*.

A tutti possono capitare battute infelici.

Ma la "comicità" di oggi è molto diversa dal passato. Occorre avere tutta l'attenzione volta alla persona che si ha di fronte. Un conto è cercare un contatto empatico; altro è affermare se stessi a discapito degli altri.

Esempio concreto n. 64.

Alcuni prof è dal secondo quadrimestre che fanno battute osservazioni tragiche sul nostro rendimento *scolastico, senza dare nessuna motivazione o uno sprona allo studio. Battute del tipo "allora *** quest'anno lo vogliamo buttare?" "*** l'anno prossimo rifacciamo la seconda?".*

*Battute per il mio da testa di c***o sbruffona a cui non interessa niente dei propri studenti.*

*Per esperienza personale a una persona (come il sottoscritto) possono danneggiare la salute mentale e psicologica di una persona. Infatti il primo anno di superiori a febbraio **tutti i prof mi davano già per bocciato** quando avevo solo 4 materie sotto di cui una con il 5.5 e una con 5.0, le altre 2 con 4 e 4.5 ma comunque ripeto era febbraio. Io essendo ancora un ragazzino fragile (non che ora non lo sia eh) ho preso questi commenti molto male; da lì mi sono demoralizzato tantissimo e **ho smesso** di studiare e soprattutto **di credere in me stesso e nelle mie potenzialità** che so di avere, infatti mi bocciarono a giugno con tipo 7 materie sotto.*

*Quindi smettetela di fare i simpaticoni anche perché 1 non siete nessuno per smontare l'autostima o un ragazzo/a 2 non siete dei fenomeni anche perché così non insegnate niente 3 siete dei poveri falliti e se molti ragazzi odiano la scuola e sulla causa di voi teste di m*****a. Tutto amichevolmente ovviamente eh.*

Chi ha scritto l'esempio concreto n. 64 si è firmato: in tutta sincerità, è un ragazzo che stimo (di persona ha anche un linguaggio meno colorito).

Parallelismi

C'è uno strano parallelismo tra la violenza sulle donne (oggi si chiama così) e la violenza sulle persone che frequentano le aule scolastiche.

La prima è balzata all'attenzione dei media. Quanto aspetteremo perché anche la seconda abbia un riconoscimento pubblico?

Esempio concreto n. 51.

*Mi sono sentita **"attaccata"** da un professore mai dal punto di vista didattico, perché da quel punto di vista credo di dover essere io ad ascoltare e avere delle persone competenti dall'altra parte, anche se non sempre sono stata d'accordo. Però mi è capitato di ricevere **commenti** riguardo il mio **aspetto fisico** riguardo il mio **carattere**, cosa che non hanno a che fare con il mio rendimento. Li ho percepiti come **violenza** in quanto non richieste e soprattutto provenienti da persone che non sono né familiari né amici.*

Ora come ora, me ne frego, ma alla me quindicenne alcuni commenti hanno fatto male, sommati a un periodo in cui già di mio non ero gentile con me stessa.

Ma davvero il *cat-calling* per strada è peggio di quello che subiscono alcune persone a scuola?

Al lavoro come a scuola

La linea di continuità tra certe esperienze vissute a scuola e altre situazioni subite fuori mi lasciano perplesso.

Certo la scuola non può non essere specchio della società (vale per la scuola come per la politica e altri ambiti del convivere civile), ma resto convinto che qualcosa non vada.

La scuola dovrebbe essere un luogo salubre.

Esempio concreto n. 42.

*Spesso vivo momenti di **disagio**. Principalmente questo succede a scuola, sono anni ormai che in classe **mi sento inferiore** ai miei compagni di classe. La causa di ciò sono i professori che a volte non riescono ad* immedesimarsi in noi alunni e rimangono fermi solo all'**apparenza**.

In certi momenti **battute**, **commenti** che probabilmente non vengono fatti con cattiveria, mi feriscono profondamente. È troppo facile esaltare gli studenti con la media alta ma il resto della classe? Esiste? **Valiamo** qualcosa o siamo solo numeri? Certe volte non si rendono conto che sono proprio gli studenti silenziosi, che non sentono il bisogno di eccellere davanti a loro, ad essere migliori. I ragazzi che a casa, con i compagni, si sentono inadeguati ripensando alla giornata trascorsa a scuola. Per questo motivo, proprio quei ragazzi sentono le esigenza di migliorarsi e dimostrare che anche loro valgono qualcosa. Spesso ci sono andata vicina, **non volevo più vivere**. Non volevo più sentirmi **inutile stupida**. Sono fortunata ad aver avuto la stima di me stessa e il coraggio di andare avanti, fermandomi e riflettendo. Non sono io ad essere sbagliata. Sono loro, i professori, coloro che dovrebbero accompagnarci nel percorso di vita e rendersi adulti pronti agli ostacoli futuri ad essere così **vuoti, insensibili**.

Iniziando a lavorare ho capito che alla fine questi mostri non esistono davvero. Mi sento una persona migliore, capace di superare le difficoltà. Non nego che anche al lavoro ci siano momenti di **sconforto**; tante volte mi sono sentita **abusata** da sguardi. Quando mi capita di sentire gli uomini spesso loro mi sorridono, mi guardano in modo malizioso, scherzano un po' troppo. Ed ecco che mi sento inadeguata, ancora una volta. Poi chiudo gli occhi, il respiro e lascio andare questi problemi. Capisco che devo essere forte io a non farmi prendere da queste **sensazioni** che mi rendono **vulnerabile** e **sensibile**. Soprattutto capisco che non sono io a sbagliare. Non faccio niente di male se non il mio lavoro. Sono loro ad essere maliziosi, piccoli uomini, vuoti.

Sei pesante

Si parla di politicamente corretto, *N Word*, revisionismo storico e bla bla bla. Poi si cade su tabù che oggi sono ben più significativi di argomenti quali sesso, soldi e morte.

Esempio concreto n. 26.

*Non veniamo trattati con rispetto, solo perché loro sono i grandi si sentono in dovere autorizzati a dirci cose che **non** andrebbero dette e che **fanno stare male** a una persona, come ad esempio commenti sul **fisico**. A me è successo che avevo detto ad un prof che ero **dimagrita** di 5 kg e lui mi ha "ma davvero" con **tono di merda e scherzoso**, come se non si vedesse per niente. Una delle poche volte che mi sono sentita di dire una cosa del genere da un prof, che per me a un certo peso, e aver ricevuto una risposta del genere mi ha fatta sentire davvero di **merda** e mi ha fatto passare la voglia (inoltre soffro di disturbi alimentari quindi mi sono sentita davvero uno schifo).*

*Ci trattano come delle **macchine** come se fossimo delle **teste vuote da riempire**, come se noi non avessimo un'**opinione** o dei **sentimenti**.*

*La nostra **opinione** non conta nulla nemmeno se proviamo ad esprimere a quel **rispetto** non vediamo ascoltati.*

Timeo prof et dona ferentes

A volte si paragona (a mio avviso a torto) la scuola con il lavoro.

Ma se oggi le aziende pongono grande attenzione al *work life balance*, con quale presunzione la scuola può immaginare di voler essere totalizzante?

Esempio concreto n. 20.

La *** dà dei **nomignoli** alle persone senza chiedere se vengono apprezzati o meno. Una volta è anche successo che noi le abbiamo detto come ci sentivamo durante le sue ore, ovvero che provavamo **ansia** e **paura** anche solo entrando nella sua aula. Lei ci ha risposto "ma come fate ad avere paura non potete, vi porto pure ***". Mi ha dato molto fastidio perché ho capito che darci *** e fare a volte la **carina** con noi per lei era come una scusa per portarci dalla sua parte, così che, come è successo, una volta espresso un brutto parere nei suoi confronti lei ce lo ha **rinfacciato**. A quel punto io le risposi noi abbiamo **paura** perché non sappiamo mai se quando entreremo in aula ci regalerà *** o ci farà una verifica a sorpresa. Non mi rispose.

Simpatia?

Per quanto riguarda invece la *** credo fermamente che dia voti esclusivamente sulla base della **simpatia** che prova verso gli alunni.

Rabbia!

La prof *** sono convinta che abbia problemi a gestire le emozioni, in particolare alla **rabbia**, e non è capace di tenere le cose private fuori dall'ambito lavorativo.

Bias

Di *bias* cognitivi a scuola ce ne sono tanti.

Eccone alcuni.

O con me o contro di me

A volte si paragona (a mio avviso a torto) la scuola con il lavoro.

Ma se oggi le aziende pongono grande attenzione al *work life balance*, con quale presunzione la scuola può immaginare di voler essere totalizzante?

Esempio concreto n. 59.

Ho fatto danza per ben 15 anni ma l'età di 17 mi sono sentito obbligato a smettere perché scuole e danza erano diventati due impegni troppo grandi e che non riuscivo a gestire contemporaneamente senza aiuti dall'esterno. Facevo allenamento 6 giorni su 7, 3 ore al giorno, e la scuola riteneva che questo sport non fosse troppo faticoso, impegnativo è importante come altri da poterlo mettere nella categoria degli sport a cui dare il PFP.

*Con questo vorrei dire che a causa di queste **ingiustizie** mi sono trovato a lasciare quella che per me è stata la mia seconda casa con la mia seconda famiglia solo per un **mancato aiuto dalla scuola**, perché sì ho rischiato la bocciatura per un mancato aiuto proprio da **coloro che dovrebbero aiutarmi a coltivare le mie passioni** anche oltre la scuola. Con questo spero che con il tempo la situazione cambi perché così facendo stiamo arrivando a un punto dove gli studenti non si sentono più **liberi** e contenti di praticare uno sport perché **incatenati** a un sistema scolastico che non gli permette di fare ciò per cui sono felici.*

La risposta si sa già: cara studentessa, devi scegliere.

La scuola o la felicità?

Preferenze

Questo è uno degli argomenti più ripetuti, soprattutto da chi è preferit* dai *prof.* E questo la dice lunga sulla sensibilità e la correttezza delle nuove generazioni.

Esempio concreto n. 54.

Sono molti prof che fanno preferenze, i nomi non si fanno, ma tra quelli nuovi e quelli vecchi ce ne sono una sfilza, anche io sono tra i preferiti di qualcuno ed è anche grazie a questo che mi sono accorto delle preferenze. C'è un prof che preferisce i maschi particolarmente, ci sono altri prof che prediligono chi va bene la loro materia.*

*Secondo me **non è giusto fare preferenze**, nel senso, nella vita al di fuori della scuola ci sta che ci siano, perché non si può piacere a tutti, però secondo me il ruolo dell'insegnante oltre essere quello di trasmettere informazioni e anche quello di **integrare** le persone, di farle sentire a proprio **agio**, tutte e non solo quelle che piacciono a lui, perché devono portarci tutti alla maturità con le stesse competenze.*

*Inoltre un'altra violenza si può descrivere con la frase "loro hanno il coltello dalla parte del manico", non è giusto, perché non siamo nel **regime nazista** o ai tempi della **monarchia**, siamo sullo stesso livello e il rispetto deve essere reciproco. Non è che se insegni allora hai potere, ripeto l'obiettivo nostro, di noi studenti, e arrivare alla maturità e il tuo, in qualità di insegnante è quello di portarvici.*

E chi ha mai detto che la scuola è una democrazia?

Conferme

Il "bias di conferma" (o "effetto di conferma") è un fenomeno psicologico in base al quale le persone tendono a favorire e dare maggior peso alle informazioni che confermano le proprie credenze o ipotesi, piuttosto che a quelle che le contraddicono.

Nessuno sembra immune.

Esempio concreto n. 46.

*Spesso capita che durante le interrogazioni i prof "aiutino" gli alunni che sono sempre andati **bene** alzando il voto nonostante quell'interrogazione sia andata **male**. Al contrario succede agli alunni meno bravi che nonostante si impegnino di più per recuperare facciano delle interrogazioni molto buone però ottenendo comunque **voti bassi** rispetto a quanto si meritano.*

E ancora.

Esempio concreto n. 41.

*Il prof di *** mi aveva preso in strino per un motivo a me sconosciuto e per tutto l'anno mi ha dato solo 5½. Ne ho collezionati una marea. Poi arriva a dare otto (quando il voto minimo era sette) a persone che non facevano niente di speciale ma semplicemente gli stavano simpatici. Per quanto alcuni prof tendono involontariamente a fare **preferenze**, alcuni come in questo caso, credo ne siano più che a conoscenza e gli va bene così, perché prima di ogni sua interrogazione dalla sua faccia già sapevo che sarebbe stato 5½. A questo punto si potrebbe pensare che non studiavo la materia, ma basta guardare che quest'anno abbiamo cambiato prof e ora ho otto tendenti anche al 9 per un certo periodo, e assicuro che il mio modo di affrontare la materia è sempre lo stesso, perciò il problema non era mio.*

Uomini e donne

Uno psicologo una volta mi fede tutto un discorso sugli aspetti froidiani dell'insegnante. Che ci sia del vero?

Esempio concreto n. 3.

*Quando ero ancora alle medie (terza media) ci fu la mia prof di *** che faceva preferenze tra* **maschi** *e* **femmine***: se all'interrogazione una femmina non sapeva niente la lasciava stare non mettendole il voto e chiamando un altro, invece se eri un maschio e non sapevi nulla si arrabbiava con te e ti metteva un brutto voto.*

Consenso

In caso di preferenze, persino chi ne giova trova anomala la situazione. A che età si perde questa onestà?

Esempio concreto n. 6.

Io sono soggetta a preferenze.

A volte tendono a darmi dei "privilegi" rispetto agli altri.

*L'altro giorno la prof di *** doveva interrogare ma nessuno aveva capito l'argomento. A ricreazione è venuta da me e mi ha chiesto se volevo essere interrogata, io le ho detto che non avevo capito l'argomento e non mi sentivo pronta.*

Quindi quel giorno non ha interrogato né me né nessun altro, ma a volte come oggi ha interrogato altri senza chiedergli il consenso o se erano preparati.

Prendere i voti

Mi viene in mente il capitolo X de *I promessi sposi*, ove «Gertrude avrebbe potuto essere una monaca santa e contenta, comunque lo fosse divenuta» facendo «ciò che si dice in proverbio, di necessità virtù».

Peccato che non conosco nessuna Geltrude.

Esempio concreto n. 26.

*Ci sono tante **preferenze** non vengono nemmeno nascoste. Un esempio potrebbe essere: qualche settimana fa ho preso un 4,5 in *** (materie in cui faccio molta fatica) e ci sono rimasta veramente male perché faccio anche ripetizioni e studio moltissimo. Sono scoppiata a **piangere** e mi è venuto un mezzo attacco di **panico**, mi sono sentito un **fallimento**. Ho chiesto alla prof di andare in bagno, mi ha mandato ma letteralmente dopo 2 minuti mi è venuta a richiamare **urlando** in bagno per farmi tornare in classe. Questo non sarebbe successo se fossi stato un'altra persona, lei ce l'ha a morte con me perché faccio ripetizioni, ma non è colpa mia se faccio fatica. Molte volte sempre con lei mi è capitato di fare domande e aver ricevuto delle risposte brutte e frettolose, come ad esempio "ma dai ricordati la regola" "l'abbiamo già fatto questa cosa su", come se tutto fosse **scontato**. Inoltre quando **piangevo** per il voto mi ha detto "questi non sono motivi per cui si piange", come se loro ci facessero sentire come se fossimo persone e non voti...*

Autocritica

Pare che la categoria di lavoratori che ascolta di meno si quella degli insegnanti.

Non sarebbe utile ai *prof* chiedere una valutazione alle persone che li "sopportano" tutti i giorni in aula? Personalmente alla fine dell'anno lo faccio, e lo trovo uno strumento indispensabile per riprogrammare il modo in cui fare lezione.

Non c'è più rispetto

È evidente che sono i *prof* ad avere il coltello dalla parte del manico. Non è chiaro a tutti?

Esempio concreto n. 23.

Molti professori **pretendono** *il* **rispetto** *da parte degli studenti quando in realtà sono loro i primi a non rispettarci. Ad esempio non ci chiedono mai* **scusa** *quando sbagliano perché è sempre colpa nostra. Quando eravamo a *** le prof arrivavano sempre in ritardo e noi eravamo gli stupidi che dovevano essere lì anche in anticipo. Le prof* **non** *si sono scusate. Un altro episodio quando chiediamo di spostare verifiche e loro ci dicono che siamo noi a doverci organizzare.*

E ancora, sullo stesso tema.

Esempio concreto n. 22.

Certe volte i prof decidono di mettere tante verifiche/ interrogazioni nella stessa settimana o magari subito dopo uno scambio/soggiorno e quando viene chiesto loro di spostare qualcosa, anche solo di un giorno le loro risposte sono brusche e antipatiche (es. **"arrangiatevi"***), è strano perché si vantano tanto dicendo di venirci sempre incontro. Nel caso non fosse possibile spostare la verifica* gradirei una risposta più **educata**, perché noi dobbiamo sempre essere educati con loro.

In gita a *** le prof stabilivano l'orario e il luogo dell'incontro ma sono arrivate quasi sempre in **ritardo** (tutta la classe ad aspettare loro) si sono mai scusate. Quando abbiamo provato a dirglielo si sono scagliati contro di noi cambiando completamente argomento. In quel momento **avrei voluto tornare a cas**a. Si sono permessi di dire che alcuni di noi sono "**arroganti**". Vorrei solo che ci sia un **rispetto** reciproco, prima di essere prof e studente siamo due **persone** quindi se sbagli devi chiedere **scusa** e non insultarmi a cazzo.

Un altro problema: siamo maturi solo quando vogliono loro. Quando scazziamo siamo **deludenti** perché dovremmo essere maturi ma quando si tratta di darci delle libertà hanno siamo ancora dei cinni.

È tutta colpa tua (io sono prof)

Un tempo qualcuno avrebbe detto: «Chi è senza peccato scagli la prima pietra». Volendo esagerare, mi verrebbe da dire che le pietre —inspiegabilmente— volano, e questo stesso atteggiamento costituisce il peccato originale di diverse situazioni.

Esempio concreto n. 37.

Ad esempio il fatto che non riescono a mettersi nei nostri panni è sicuramente determinante nel rapporto molto chiuso che c'è tra studenti e professori però secondo me non è neanche la cosa più grave. Penso che la cosa più grave sia che non riescano ad avere un minimo di **autocritica** e ad ammettere che anche loro possono **sbagliare.** Perciò scaricano le loro colpe sugli studenti che ha come effetto **insicurezze** e **disagio**.

Im-Perfetti

Personalmente commetto errori tutti i giorni. Se ho la fortuna di accorgermene, magari grazie ad altri che me lo fanno notare, chiedo scusa e cerco di rimediare.

Non è così che si fa?

Esempio concreto n. 27.

*Molti professori fanno fatica ad ammettere di **sbagliare**. Io non ho mai preteso insegnanti **perfetti**, anche perché sarebbe [una cosa] **impossibile** da trovare. Quindi ritengo che anche per loro sia facile **sbagliare**, ma ciò che manca e ammettere determinate **colpe**, non può dipendere sempre tutto da noi studenti. Avere il coltello dalla parte del manico non è sinonimo di "ho sempre ragione". In particolar modo gli insegnanti devono insegnarci a prenderci le nostre **responsabilità** e così facendo crescono solo gruppi di ragazzi **orgogliosi**. Durante questi anni è capitato di affrontare i varie discussioni con alcuni professori. Tra questi c'è chi ha insinuato che io non abbia preso ripetizioni durante l'estate per migliorarmi o chi ha deciso per il mese di maggio senza preavviso di toglierci il diritto di giustificarci (spoiler mi ero tenuta la giustifica proprio per maggio).*

Il voto al prof

Il tabellone dei voti si legge anche in verticale.

Esempio concreto n. 10.

*Spesso in situazioni in cui i prof mi abbiano messo a **disagio**. Succede soprattutto quando ci accusano di non studiare se prendiamo voti bassi, che può anche succedere che non che uno non studi, ma **se una classe intera prende insufficiente** non pensano mai che magari abbiano fatto qualcosa di sbagliato. Ho l'impressione che alcuni prof seriamente vengono qua per fare i **soldi** e per* *aiutare solamente le persone che vanno bene nella loro materia.*

In-Coerenze

Può capitare. Il punto è che l'effetto è significativo anche quando il gesto compiuto è forse solo una leggerezza.

Esempio concreto n. 36.

*Io quest'anno nel secondo quadrimestre ho avuto un sacco di materie da recuperare, ma c'era un'interrogazione di *** e io tre giorni fa avevo detto al prof che non sarei riuscito a studiare e lui mi ha detto: **va bene non ti preoccupare**, arriva il giorno dell'interrogazione, estrai i numeri e becca a me, io pensavo che mi saltasse come mi ha detto tre giorni fa, ma decise comunque di interrogarmi e mi ha fatto un bel 3.*

Manco loro

Della serie "non chiedere agli altri quello che non vorresti fosse chiesto a te", ecco un episodio che pare frequente.

Esempio concreto n. 10.

*Mi sento anche a disagio quando i prof **pretendono** che noi siamo sempre **attenti** e **perfetti** senza prendere in considerazione il fatto che qualcuno magari non stia attraversando un periodo facile, in poche parole aspettano da noi cose che **manco loro** possono realizzare.*

*Non dirò a nessuno che non sa fare il proprio lavoro, ma alcuni non sono proprio fatti per essere insegnanti se non capiscono prima come è strutturata la mente di un adolescente. Nella mia opinione i prof non dovrebbero **urlarci** contro, **accusarci** di non studiare, **non aiutarci** se* *siamo in difficoltà, fare **preferenze**, trattare ogni persona in modo diverso.*

Stai male? Problema tuo

Capisco che citare casi concreti senza contraddittorio rischia di dare un'immagine distorta di come stanno le cose.

Però se una persona sta male, sta male.

Esempio concreto n. 35.

*Ho sempre sofferto di attacchi di panico, anni fa molto di più. Durante una lezione me ne venne uno, chiesi di uscire per riprendermi e mi fu permesso. Dopo cinque minuti che ero fuori la prof è venuta da me dicendomi che, **nonostante capisse** che stavo male, dovevo immediatamente tornare in classe, altrimenti mi avrebbe messo l'assenza.*

PS 1. Non riuscivo a stare in piedi e stavo singhiozzando.

PS 2. Mi aveva detto, inizialmente, che potevo rimanere fuori tutto il tempo che mi serviva.

Al sicuro

Anche a scuola esistono le narrazioni fatte dai *prof*: su altri *prof*, su una classe o sulle singole persone che le frequentano.

Altre volte noi *prof* siamo semplicemente sordi e ciechi (e dalla lingua lunga).

Esempio concreto n. 32.

*Personalmente mi sento a **disagio** quando all'interno della classe viene dato più spazio alle persone più esuberanti, quelle che cercano sempre attenzioni e voglio perennemente sentirsi al centro. Mi piacerebbe molto che i prof sapessero andare oltre le **apparenze** e mostrasse* *l'**interesse** anche per le persone più riservate, che magari fanno più fatica a esprimersi ma avrebbero tanto da dire se sentissero in qualche modo **valorizzate** all'interno del sistema scolastico. Sarebbe bello che la scuola fosse un luogo in cui tutti si sentono "al sicuro" anziché essere un ambiente dominato dal **pregiudizio** dagli **stereotipi**.*

24/7/365

Immagino che *** *tutor* avesse le proprie ragioni (non vi è nessun motivo per metterlo in dubbio; ma qui si sta parlando del vissuto delle persone, ed è un dato fattuale che va preso in considerazione, specialmente oggi). Ma a che serve la ragione[9] se il suo utilizzo è disfunzionale al motivo per cui esiste, ovvero per tutelare la salute ed il benessere dell'essere umano?

Esempio concreto n. 26.

*Altro fatto che mi è successo per cui mi sono sentita **violata**: ho fatto *** quest'anno e *** tutor del *** ieri sera alle 11 ci ha mandato una mail **criticando** come avevamo fatto il nostro diario di bordo dicendoci di portare documenti su documenti per la mattina dopo. Uno che non ha la stampante?*

*Questi documenti non li abbiamo fatti firmare alle tutor esterne (nessuno ce l'aveva detto) e ora non ci vuole convalidare tutte le ore di *** per questo.*

*Io non ce la faccio più, **piango** quasi sempre per la scuola e ho pensato tante volte di **andarmene** da questa scuola.*

---

[9] È opinione di chi scrive che —da molteplici punti di vista— la ragione è morta ad Auschwitz insieme ad un milione e mezzo di persone.

Ci danno un carico di studio **improponibile,** tipo può portare quattro materie in un giorno **pretendendo** pure che andiamo bene in tutto.

È bene notare che le stesse persone che criticano sono anche capaci di esprimere *feedback* positivi.

La ringrazio prof di tutto soprattutto per interessarsi alla nostra opinione e ai nostri **sentimenti** già dalla prima grazie davvero di cuore, quello che fa per noi è tanto **importante.**

Dulcis in fundo

Qualcuno —me compreso— sostiene che le rivoluzioni si fanno in un solo modo.

Col venir meno della generazione precedente.

Oche da foie gras

Non si capisce poi chi, questo fegato grasso, se lo debba mangiare e perché.

Esempio concreto n. 76.

La scuola.

A scuola, ogni mattina entri, in orario, mi raccomando, altrimenti sul registro ti verrebbe segnato e se sei al quarto: nota.

A scuola, ogni giorno, ti ritrovi lì. E se non vuoi buttare il tuo tempo, allora ti concentri e ora dopo ora arrivi all'ultimo tintinnio della campanella.

Libertà.

Poi varchi la soglia di casa, mangi e ti **rinchiudi** *nelle quattro pareti che solitamente si chiamano camera, ma durante gli interminabili pomeriggi si potrebbero definire più correttamente* **carcere**.

Le aspettative su di te sono alte, non puoi deluderle se un giorno sei triste, stanco, o con la testa altrove, devi comunque costringerti lì su quelle pagine che talvolta sembrano prive di senso.

Così il giorno dopo, quando la verifica sarà davanti ai tuoi occhi, potrai rigurgitare sul foglio i contenuti che i giorni prima ti sono stati forniti.

Io vedo gli alunni come **oche da foie gras,** *quanti davvero hanno la passione di imparare? Pochi, vero?*

*Per me la scuola dovrebbe essere uno **stimolo**, una **motivazione all'impegno**, alla **voglia di conoscere**.*

*Non un modo per farcirci di **nozioni**, senza interesse dell'uno e dell'altro, come fossimo **numeri**.*

*Personalmente ho interesse ad imparare, a scoprire, a conoscere... ma l'**imposizione** della scuola nel chiedere il meglio ovunque è **opprimente** e spesso mette in difficoltà i ragazzi che in questa età hanno molta confusione e molte incertezze.*

Ringrazio per aver avuto l'opportunità di parlare, davvero.

A sua insaputa

Sul cibo che viene servito a queste oche (o anatre, o quel che sono) qualche domanda me la farei.

Esempio concreto n. 58.

In realtà credo che alcuni non vogliano neanche provarci a mettersi nei panni di una persona che appartiene a un mondo opposto a loro.

*Ci sono prove che non comprendono l'ansia. A me capita spesso di **bloccarmi** prima di un'interrogazione o di partire già **bloccata** in partenza, non so neanche spiegare perché succede, soprattutto quest'anno sto facendo molta fatica a evitare che questo succeda ed avviene quasi in maniera sistematica. Chiaramente non vuol dire che succede perché non ho studiato, ma dipende da molti fattori. Recentemente ho fatto un'interrogazione di ***. Mi sentivo un groppo in gola e succede che quando sento che mi blocco io piango sempre perché non riesco a liberarmi di questo groppo in altro modo. La domanda che mi aveva fatto la sapevo ma **non riuscivo a parlare** e la prof mi bombardava di domande pensando di migliorare la situazione, ma la peggiorava semplicemente e sono scoppiata. Quello che lei mi ha detto è che lei non* sopporta le lacrime e mi ha mandato fuori. Chiaramente mi sono sentito una cretina e mi sentivo di aver fatto una figura di merda.

Ci sono prof che sembra facciano il loro lavoro perché costretti e sembrano **non consapevoli di quanto i ragazzi siano influenzati**. La mia prof di *** si sente dentro la scuola una divinità a cui i suoi discepoli devono obbedire. Quando non sappiamo qualcosa non lo dobbiamo chiedere a lei perché "dovevamo saperlo". Le sue lezioni incutono **terrore** e non ho mai il coraggio di alzare la mano perché ho **paura** di sbagliare; eppure ci dicono che sbagliando si impara.

Ci sono prof che ci trattano in maniera enormemente diverse, sempre parlando della prof di *** lei fa domande di "livello diverso" a quelli che ritiene essere migliori/ superiori; il problema è che lo dice palesemente e così non permette agli altri di migliorarsi. Se dà dei libri da leggere **è scontato** chi li ha letti e che ovviamente non li avrà letti. Io ho sempre letto i libri che i prof danno eppure io sono tra quelli che lei non considera tra quelli che li leggono sicuramente, e mi sento **screditata** su una tra le cose che a me più mi piace fare.

Comunque credo che ci sia speranza, i prof nuovi/ giovani che sono arrivati quest'anno sono totalmente diversi e **mettono gli studenti in primo piano** e cercano di trasmetterci una passione. La professoressa *** è quella che più mi ha passato il suo amore per la letteratura, non necessariamente la materia in sé, ma l'amore e la passione che ci mette lei anche quando ha delle giornate no (a proposito, **ovviamente ci sono prof che mettono la loro vita privata all'interno, sfogando i loro rancori su di noi)**.

La prof di *** che abbiamo da quest'anno in un mio momento di difficoltà ha cercato di calmarmi lasciandomi il mio spazio e capendomi mi ha dato dei consigli, cosa che nessuno prima aveva mai fatto prima. Nonostante lei *non appartenga a questa generazione **è consapevole** dei problemi che soprattutto dopo il COVID si sono sviluppati e ora cerca il più possibile di mettersi **dalla nostra parte**. Non serve necessariamente appartenere alla stessa generazione per capire qualcuno, quindi non provare a farlo non è una giustificazione, non siamo macchine fatte solo da un cervello fatto solo per studiare.*

In verità, sbagliando si impara (solo) come si sbaglia.

Per questo non si può non apprezzare chi fa, come direbbero gli americani, *the right thing*.

Prospettive nuove

Se lo capisce uno studente di oggi, magari lo capirà anche un* *prof* di domani!

Esempio concreto n. 50.

*Molte volte mi sono sentita a **disagio** con i professori per motivi diversi. Quando un prof ti mette **pressione** durante un'interrogazione, **urlandoti** in faccia finché non rispondi in maniera più giusta per lui. Quando in realtà **ognuno dovrebbe essere libero di dire quello che ha studiato in modo diverso a seconda di come o quanto lo ha preso**. Quando un prof ti guarda in un certo modo in base al voto che hai preso nella sua materia; non guarda **aldilà** del voto anche se c'è un essere umano dall'altra parte che ha le sue ansie, preoccupazioni e delusioni.*

*Non c'è **comprensione** dall'altra parte di cosa c'è dietro a uno studente, il lavoro e l'impegno molto spesso non vengono considerati. Conta solo se ho la media sufficiente per alcuni professori quando invece il voto è solo un numero e non identifica chi siamo.*

Quasi tutti i prof pensano a loro, alle loro materie non vogliono capire il complesso della mole di studio che ogni studenti deve affrontare. Sentirsi male solo perché hai un brutto voto è purtroppo inevitabile in questo sistema dove noi studenti veniamo visti come **numeri** (per fortuna non da tutti i prof). Un prof dovrebbe essere in grado di trasmettere la sua passione agli studenti e di conseguenza fare appassionare i propri studenti alla sua materia.

Bisogna considerare che anche noi siamo **persone** e vogliamo essere considerati come tali, essere capite, noi tutti abbiamo un valore e la scuola dovrebbe essere una delle principali fonti per capire cosa ci piace e cosa desideriamo quando invece è tutto il contrario.

Comprendere, comprendere, comprendere!

Empatia

Fare un passo avanti verso l'altro da me.

Esempio concreto n. 47.

La scuola è violenta per me quando non si crea un minimo punto di **contatto** e **empatia** tra il docente e l'alunno. Chiaramente ogni professore ha il suo metodo di insegnamento, più o meno rigido, ma creare un **rapporto** lo trovo comunque necessario se abbiamo voglia di fare un passo in avanti e uscire dalla narrazione che le insegnante va lì solo per darci mansioni o interrogarci. Oltre che per gli alunni, qualunque insegnante ne gioverebbe a questo approccio.

Espressione di felicità per quanto si sta leggendo.

Intermezzo

Pensiero riguardo la violenza a scuola

Caro prof,

Ho questa mail nelle bozze letteralmente dal 10 giugno. So che sono esageratamente in ritardo ma ho sempre avuto paura di aver esagerato con le parole. Stasera, 18 luglio, un amico a me molto caro mi ha esposto la sua esperienza proprio riguardo questo tema e la rabbia mi comanda di inviarle la mail. Ora la lascio alla lettura della mail, identica ad un mese fa. Ho deciso di non cambiare nulla perché credo che sia perfetta così. Grazie in anticipo per l'attenzione.

"Come già sa, avevo intenzione di scriverle una mia considerazione per aiutarla nel mio piccolo nel raccogliere i pensieri per quanto riguarda la scuola. I miei compagni mi hanno detto che lei ha posto una domanda "grammaticalmente molto semplice" ma con un significato profondo, che scava dentro. Io credo che la Mia risposta migliore alla sua domanda possa essere questa:

La scuola dovrebbe essere un rifugio, una "seconda casa" in cui altri adulti, prettamente sconosciuti, dovrebbero insegnarci ad affrontare il mondo esterno e le varie difficoltà che ci pone. Come le ho detto in classe, dal punto di vista personale credo di sentirmi fortunata:

Fortunatamente, i professori con cui ho a che fare non sembrano "direttamente violenti". Non ci sono mai stati insulti, minacce (ci mancherebbe), ma in qualche modo noi studenti non ci sentiamo rispettati a dovere. Spesso ci sentiamo screditati, non capiti o poco apprezzati per ciò che siamo realmente. Basta notare il comportamento di un professore medio davanti a un voto: Un voto alto spesso segna anche la persona che sei ai suoi occhi, ma basta un banale voto negativo per far cambiare l'idea di te al professore. Vivere con quest'ansia perenne di non essere abbastanza o di valere poco e di essere valutati in base ad una singola prestazione, secondo il mio modesto parere, è effettivamente una forma di violenza. Una violenza "indiretta", non fatta di proposito (almeno spero), ma comunque una violenza.

Concordo pienamente con ciò che ha detto lei in classe: Come quando si è immersi totalmente in una relazione tossica, noi studenti non ci rendiamo minimamente conto di questa sorta di violenza psicologica di cui siamo vittime. So che sono parole forti ma effettivamente i risultati del sistema scolastico odierno sono gli stessi di una vera e propria violenza psicologica. È pieno sui social di video di ragazzi disperati, i giornali pullulano di tentato suicidio o, purtroppo, suicidio a scuola o a causa della scuola, soprattutto tra i più piccoli. Tantissimi genitori si trovano a spendere soldi su soldi di psicologo perché i figli, sempre a causa della scuola, non sanno quale sia il loro futuro o peggio, non ne vedono uno e desiderano smetterla. Credo che la scuola da questo punto di vista stia miseramente fallendo. Una persona tanto tanto vicina a me purtroppo a causa del sistema scolastico è stata mooolto male, ma credo che questa storia gliela racconterò da vicino perché è molto privata.

Ci sentiamo dire dagli adulti che le nostre lamentele sono fondate sul nulla, senza senso e obiettivo; senza verità, "campate in aria" solo per attirare l'attenzione e per lamentarci di qualcosa a caso, perché tanto sappiamo fare solo quello. "Generazione scansafatiche".

Beh, mi viene da pensare che in realtà coloro che hanno rovinato la nostra visione di futuro siano proprio gli adulti: Basta pensare che se un ragazzo sogna di fare il medico, deve arrivare all'università avendo già studiato e superando centinaia e centinaia di ragazzi con lo stesso sogno perché se no non si è degni di realizzarlo, ma nel frattempo c'è un'allerta nazionale perché non ci sono medici. OVVIAMENTE il problema c'è perché le ultime generazioni non hanno voglia di studiare, no?

Ormai stiamo crescendo, le superiori sono quasi un ricordo ma ho seriamente paura per i futuri studenti. Vedo la netta differenza con mio fratello, solo due anni più piccolo e che ha fatto le medie in DAD. Non è riuscito, come la maggioranza dei ragazzi, a sviluppare certe competenze o a formare bene il suo carattere. È chiuso, scontroso e fastidioso, tutto perché non ha avuto la possibilità, dagli 11 ai 13 anni, di rafforzarsi e imparare. È pieno di ragazzi e ragazze così, ancora con la ferita del covid aperta nel cuore, che non credono di essere abbastanza solo perché non hanno vissuto gli anni più importanti. Oppure,noi 2006 stiamo vivendo malissimo l'idea che tra un anno avremo l'esame. I più grandi ci prendono in giro, eccome se lo fanno, ma noi effettivamente non abbiamo mai fatto un esame... Altro motivo per cui noi giovani siamo spesso in crisi: Una prova singola che deve racchiudere le migliori abilità e qualità di uno studente, valutata dagli stessi professori che durante l'anno rendono la vita infernale (se si ha un briciolo di fortuna).

Queste che ho elencato sono piccole accortezze a cui noi studenti facciamo caso quotidianamente,anche a casa o in gruppo, senza giudicare e con un occhio di riguardo verso i coetanei. Allora io mi chiedo, perché un insegnante con tanti anni di esperienza non riesce a considerare questi aspetti anche solo per 4 ore al giorno? Alla fine abbiamo vissuto tutti le stesse cose; anche gli insegnanti sono stati all'università, prima ancora alle superiori e soprattutto adolescenti. Capisco che durante l'adolescenza di alcuni dei professori l'ambiente scolastico era completamente diverso, senza la tecnologia ed il rapporto più "confidenziale" di adesso, ma il mondo va avanti e noi evolviamo a pari passo, non possiamo rimanere fermi. Bisognerebbe fare più attenzione alle parole, al comportamento -anche gestuale perché il modo di prendere ciò che accade traspare anche da gesti ed espressioni e feriscono quasi più delle parole- , alla considerazione degli studenti e degli adolescenti, ma soprattutto al sistema in se, diverso da professore a professore e in base a come ci si sveglia la mattina.

So di aver elencato tanti aspetti negativi, ma fortunatamente abbiamo anche dei professori magari con metodi strani o "diversi" di insegnare ma che sicuramente ci stanno formando tanto e che ricorderemo per sempre. Mi spiace ma mi tocca fare un nome, spero però rimanga tra noi: Oltre a lei, che ringrazio a nome di tutti, credo che uno dei professori più incisivi per la nostra vita sia il prof ***. Ha un modo un po' "alternativo" o magari fuori dagli schemi per affrontare temi politici o di attualità, ma già è importantissimo che almeno con lei ed il prof questi argomenti vengano trattati. Sicuramente le sue ore e le ore del prof *** (quando non spiega 😂) mi fanno sentire a mio agio, libera di dire ciò che penso senza aver paura di essere valutata. Per qualche minuto l'ansia perenne e la paura svaniscono. Vi ringrazio davvero tanto, personalmente e a nome di tutti.

Giorno dopo giorno si sente sempre di più di ragazzi disperati. Andando avanti il numero aumenta e onestamente ho molta paura. Vorrei tanto che ci fossero più professori attenti, che si dedicassero alla sensibilizzazione e alla discussione del tema.

Grazie mille per il tempo che ha dedicato a noi studenti e soprattutto grazie per l'attenzione e il riguardo che ha impiegato nel farlo, non è scontato. Spero di non essere stata troppo cattiva ma ho onestamente messo su *carta i miei sentimenti; se vuole a settembre le racconto del caso a me vicino ma fortunatamente non tragico. È stato un piacere,*

[nome di chi scrive]"

Caro prof, mi scuso ancora per il ritardo nel mandarle la mail. Mi piace molto scrivere ed è la prima volta che invio un mio pensiero; un po' me ne vergogno. L'ho scritto di getto e un mese fa, quindi sicuramente avrà delle imperfezioni. Aggiungo solo una piccola richiesta: la prego, faccia attenzione ai ragazzini di 1°/2°/3°, sono tra le vittime più comuni sia dei professori che tra di loro. Spero il mio testo possa esserle utile,

Buona estate e grazie ancora,

[eMail firmata]

Intermezzo

Spes ultima dea.

*Parte terza (per i prof, **forse**)*

Domani

Tu

Consigli per i *boomer*

Ceci n'est pas un livre

Durante una settimana di sospensione delle lezioni ne ho approfittato per far rispondere ad una domanda: «Cosa dovrebbero capire i *boomer* (compresi i *prof* di qualunque età?». L'intento è di dare voce a chi non ha voce (come si sa, i *prof* si possono lamentare, gli studenti no).

Nei tre paragrafi che seguono ho raccolto le risposte.

«È il fatto che fa»

Consigli e osservazioni di carattere generale.

Gli adulti sottovalutano i problemi dei giovani: ritengono che i loro problemi sono importanti, e svalutano il brutto voto e la rottura con il fidanzato ritenendolo di poco conto (mentre sono temi grandi per chi li prova: dovrebbero essere più empatici). È come se l'adulto incolpasse il giovane perché sta male per qualcosa di poco conto. Addirittura ci sono genitori che esagerano su questo.

I giovani si interessano nel mondo in cui sono; i boomer non hanno questo interesse (non fanno lo sforzo di interessarsi ai giovani, che è il modo per capire).

Gli adulti sono contraddittori.

I boomer sono incoerenti: dicono uguaglianza ma poi fanno favoritismi.

Gli adulti mancano di coerenza anche tra quello che dicono.

Gli adulti dovrebbero imparare ad esse più coerenti: dicono cose e ne fanno altre. Dovrebbero pensare prima a non fare un errore invece che di cercare di rimediare dopo. Dovrebbero pensare meno a cosa conviene loro, e capire che i giovani hanno bisogno di fare le loro esperienze, e di commettere errori, senza per forza eccellere sempre.

Gli adulti pensano che i giovani dovrebbero essere come loro.

C'è chi pensa che più una persona è adulta più è intelligente.

Gli adulti ci privano delle esperienze che loro hanno già fatto.

Gli adulti danno per scontato cose che per noi non sono ovvie.

Gli adulti mettono troppi limiti: è scorretto.

A volte sembra che gli adulti vogliano decidere per il giovane.

Le priorità dei boomer e degli adolescenti sono diverse: per loro era uscire con gli amici, per noi la priorità è capire quali sono le migliori scelte per me (paura nel fare scelte che possono chiudere strade che sono giuste).

C'è un fenomeno di proiezione del boomer sul giovani: i giovani sono proiettati a qualcosa di molto più avanti.

I boomer sono nati in un contesto diverso (magari più difficile a livello), ma si sono fatti schiacciare dalla cose. Adesso ci sono altri problemi. I giovani sono nati in un contesto più complesso (negli anni sessanta non si stava male). I giovani credono davvero di riuscire a fare quello che vogliono fare. I boomer sono un po' vittime indirette di quello che hanno vissuto, e non si sono mai aggiornati: non sono più in evoluzione.

Davvero a cinquant'anni non si cresce più?

I giovani sono giovani quando sono bambini.

Dal punto di vista dell'intelligenza emotiva evolveremo poco.

> *Gli adulti hanno aspettative: questo porta i giovani ad essere ipercritici con se stessi.*

Giudizi

Sembra che i *boomer/prof* giudichino troppo spesso e troppo in fretta.

I boomer pensano di sapere tutto, mentre i giovani non saprebbero niente.

I giovani hanno paura di dire quello che provano, perché i boomer giudicano e si arrabbiano.

I genitori vorrebbero che i giovani facessero e fossero quello che loro non sono stati: vogliono che siano migliori di loro, ma questo mette i giovani molto sotto pressione (sono costantemente giudicati). Gli adulti non capiscono che i giovani possono stare male (e gli dicono di fare, di uscire): invece di avere qualcuno che ti capisce, il giovane ha qualcuno che lo fa sentire peggio; non si la la libertà di stare male e provare emozioni.

Spesso gli adulti non pensano che non hanno sempre ragione: se un giovane parla con un adulto, l'adulto pensa di aver ragione a prescindere per l'età.

I problemi dei giovani sembrano insignificanti; d'altra parte anche loro hanno i loro problemi.

Gli adulti giudicano. E se non scegli quello che loro vogliono, tendono ad escludenti. Non c'è collaborazione: tutti sono portati a scegliere, ad essere soli senza passioni, ed è per questo che molti sono persi. Questa mancanza fa passare la voglia di fare.

Esistono altri modi di fare le cose («No tu devi fare così»).

Ascolto

Sembra che i *boomer/prof* non ascoltino. In effetti è noto (è luogo comune) come la categoria degli insegnanti sia quella che ascolta di meno.

Gli adulti devono ascoltare un po' di più. Gli adulti non capiscono una determinata situazione, ma provano a capirla a partire dalle proprie credenze: dovrebbero ascoltare quali sono davvero le dinamiche, senza pensare che sono assurde, senza paragonarlo a qualcosa che è accaduto a loro; non è detto che una dinamica di qualche anno fa sia simile ad una dinamica di oggi.

Gli adulti si pongono con un muro davanti: sanno già (senza ascoltare).

L'adulto non si mette in discussione (pensa di sapere già tutto, di essere già arrivato): gli adulti non accolgono una prospettiva diversa. Ci sono adulti che si adattano passivamente al corso degli eventi. Molti adulti dovrebbero mettersi in discussione.

Se un giovane ci si mette, capisce il coetaneo. Diversamente, l'adulto arriva a dire: «Stai esagerando».

C'è molta competizione tra tutti: è difficile trovare qualcuno che ti ascolta davvero; ma penso più a quello che voglio dire io rispetto a quello che vuoi dirmi tu. C'è una lotta per chi sta peggio. È difficile trovare qualcuno che ascolti.

I boomer prendono la competizione come qualcosa di positivo, e vengono a rinfacciare il risultato degli altri. I giovani oggi vivono la competizione in modo negativo: gli adulti sminuiscono i giovani.

Quando c'è un discorso tra ragazzino e boomer, il boomer dà sempre le stesse risposte.

I boomer sembrano non capire che per i giovani è "la prima volta"; inquadrando i problemi dei giovani nella cornice dei boomer, sembrano problemi piccoli.

Un boomer non può capire quanto è difficoltoso vivere in una situazione con i social.

Manca l'empatia da parte dei boomer.

Gli adulti si fermano poco; non ascoltano; hanno già una aspettativa nella risposta.

Da parte degli adulti non c'è l'andare a fondo delle cose.

Non viene messo a fuoco il bisogno dei giovani: si viene sminuiti.

Gli adulti ripetono sempre le stesse cose; non si accorgono di quello che i propri figli stanno passando in quel momento.

Gli adulti non prendono sul serio i progetti futuri (gli adulti rispondono che tanto cambierai idea).

Gli adulti non riconoscono l'impegno, e rinfacciano il fatto che non ci sia impegno.

Capita di non sentirsi ascoltati (gli adulti chiedono tanto per chiedere) e non essere capiti.

Non mi aspetto che i boomer capiscano; mi aspetto che mi ascoltino.

Vie che portano all'essenza

Safety

Il compito fondamentale della scuola è tenere al sicuro (e sorvegliare) la progenie di chi va lavorare.

È una questione primariamente di salute e sicurezza. *Safety*. È per questa sola cosa che il Dirigente Scolastico (o la Dirigente Scolastica) paga di tasca propria.

Salvaguardato questo aspetto, c'è qualche altro obiettivo che può essere preso in considerazione?

The human

L'obiettivo unico è, per dirlo con le parole di Kevin Mitnick: «The human. Now you know all about your target».

Per raggiungere l'umano si potrebbe partire dalla cura delle persone affidate ai *prof*; mi immagino *prof* che entrano in aula e, per tutta la durata della lezione, regolano il loro modo di porsi secondo le modalità descritte ne *La **cura*** di Franco Battiato: «Ti proteggerò dalle paure delle ipocondrie, dai turbamenti che da oggi incontrerai per la tua via, dalle ingiustizie e dagli inganni del tuo tempo, dai fallimenti che per tua natura normalmente attirerai»; e ancora: «Ti porterò soprattutto il silenzio e la pazienza, percorreremo assieme le vie che portano all'essenza». Dove l'essenza da una parte è la qualità (anche relazionale) del percorso fatto insieme durante l'ora, e dall'altra la passione per il contenuto (ovvero per la materia su cui ci si è concentrati durante la lezione).

O si va a scuola per celebrare un incontro tra persone che condividono parte del tragitto della loro esistenza, oppure si può rimanere tutti a casa, come già abbiamo fatto durante il "periodo *Covidi*".

È evidente quali sono i (miei) riferimenti di questo pensiero: Aristotele, poi Tommaso d'Aquino (e la sua concezione di **persona umana** come **entità ontologica**), quindi Emmanuel Mounier (e il suo "personalismo comunitario") con Jacques Maritain (e la sua visione di **integralità** umana).

L'obiettivo delle lezioni fa ragionare le persone con la loro testa. L'obiettivo è fare un percorso in cui le persone possono scoprire quello che è veramente pensano e desiderano. E questo avviene tipicamente attraverso due strumenti: da una parte e quella di guardare le cose da un punto di vista diverso (*out of the box*), dall'altro quello di confrontare le opinioni di tutti al fine di favorire quel dialogo che nell'epoca *social* sembra essersi perso.

A me sembra che la scuola di oggi stia andando troppo spesso in un'altra direzione.

Le regole

Se le regole sono più importanti dell'essere umano, l'essere umano subisce violenza. Come ci insegna un famoso brocardo biblico: «Τὸ σάββατον διὰ τὸν ἄνθρωπον ἐγένετο καὶ οὐχ ὁ ἄνθρωπος διὰ τὸ σάββατον». Sono le regole ad essere fatte per l'essere umano (e non in contrario). Se le regole non sono a favore dell'essere umano, a che servono?

A proposito di regole, mi si permetta una digressione.

C'è una tendenza diffusa (non solo tra i politici) di negare piuttosto che di affermare. In altri termini, si abusa del "**non**"; ma il fatto di negare o vietare qualcosa è ben poca cosa rispetto la direzione da intraprendere. Ad esempio, il «vietato attraversare i binari» che si trova nelle stazioni è inutile; a mio avviso andrebbe sostituito con: «per attrarre versare i binari, utilizzare la scala che si trova alla vostra destra». Il dire ad una persona di "non fare qualcosa" è ben altro dal supportare quella persona nel riconoscere il proprio bisogno e concretizzare quello che conseguentemente vuole fare.

Mi permetto una seconda digressione, così da rendere questo titolo ancora più contestabile (come se già non lo fosse).

Mi piacerebbe che tutto quello che viene definito come "**contro**", diventasse "pro". Ad esempio, la giornata contro la violenza sulle donne mi piacerebbe diventasse la giornata della valorizzazione di tutti gli esseri umani (e, perché no, anche animali). E forse non dovrebbe essere la questione di un giorno, ma dovrebbe essere un'attitudine esercitata quotidianamente (come cantava Luca Carboni, «O è Natale tutti i giorni o non è Natale mai).

Secondo me dovremmo proprio smetterla di dare sempre contro a tutto e a tutti. Certo è più facile. La *pars destruens* da sempre la più semplice. Ma finché El Ingenioso Hidalgo Don Quijote de la Mancha è "quello che combatte i mulini a vento", definendolo per cosa fa e non per chi è, continueremo a ritenerlo qualcosa di diverso da un essere umano.

Il concetto di violenza a scuola

Faccio mio quanto espresso da Simone Weil: «"**Lei non m'interessa**". Un uomo non può rivolgere queste parole a un altro uomo senza commettere una crudeltà e ferire la giustizia»[10].

A volte mi sembra che i *prof* si concentrino più sulla malattia (ovvero la presunta ignoranza degli astanti) che sul "paziente" (che hanno do fronte a loro).

Per analogia, faccio un esempio preso dalle recenti **olimpiadi** svolte a Parigi. Molti *prof* ancora oggi troppo spesso si pongono come hanno fatto la giornalista Rai Elisabetta Caporale e l'ex schermidrice Elisa Di Francisca con la nuotatrice Benedetta Pilato: mettere il risultato (podio sfumato per un solo centesimo) prima della persona (e della

---

[10] Weil S., *La persona e il sacro*, Adelphi, Milano 2012, pagina 11.

sua gioia per una prestazione che l'ha portata ad essere la quarta al mondo nei "100 metri rana").

Sul concetto di violenza a scuola non posso non rivedermi nelle parole di Don Lorenzo Milani e dei suoi ragazzi in *Lettera a una professoressa*: «Le maestre sono come i preti e le puttane, si innamorano alla svelta delle creature, se poi le perdono, non hanno tempo di piangere. Il mondo è una famiglia immensa. C'è tante altre creature da servire. È bello vedere di là dall'uscio della propria casa. Bisogna soltanto essere sicuri di non aver cacciato nessuno con le nostre mani»[11].

La banalità del male

«La colpa più grave della scuola è di aver deformato le menti dei *prof* piegandole alla logica del sistema. Le coscienze individuali, impossibilitate ad instaurare una relazione con se stesse, oltre che con gli altri, prive di consapevolezza e di un pensiero critico riflessivo, svuotate di qualsiasi contenuto morale autentico, inconsapevoli delle azioni che stavano compiendo e delle loro conseguenze, rese incapaci di distinguere il bene dal male, non potevano che cedere alla indicibile e mostruosa banalità del male. La libertà e la dignità dell'essere umano erano annientate»[12].

Chi come me, in queste righe, avrà visto il riflesso del pensiero di Anna Arendt, avrà sentito quel brivido che scende lungo la schiena unito a un ingestibile senso di nausea. Un po' come se, nella scuola pubblica italiana, si stessero —in qualche modo— reiterando modalità vecchie di cent'anni

---

[11] Scuola di Barbiana, *Lettera a una professoressa*, Libreria Editrice Fiorentina,Milano 2023, pagina 33.

[12] Si veda il testo originale —qui significativamente modificato— su Subacchi M., *Esistenza e libertà. Saggio sull'Esistenzialismo*, ESD (Edizioni Studio Domenicano), Bologna 2020, pagina 32.

giustificando a noi stessi che non siamo noi a cagionare delle ferite a persone innocenti[13].

Ho fatto quello che dovevo fare

I *prof* fanno quello che devono fare (e lo fanno molto bene).

Sono del tutto convinto, e lo scrivo con assoluta sincerità, che tutti i *prof* (tutti) facciano perfettamente il loro dovere con grande professionalità e dedizione.

Quello che sostengo —ed eccepisco— e che se un *prof* fa il proprio dovere nel modo più integralmente corretto, ineccepibile e inattaccabile, potrebbe (paradossalmente forse anche proprio per il per il suo essere così dedito all'applicazione di regole fatte comunque da altri esseri umani "superiori") venir meno al suo essere *prof*. Che ce ne facciamo di un medico che cura la malattia e uccide un paziente? Del pari: quale vantaggio abbiamo da un *prof* che fa la lezione migliore mai eseguita sulla faccia della terra e sull'altare di questo "principio superiore" (ariano?) immola le persone che ha davanti? Quel "sangue" (fatto di ansie, paure, emozioni trascurate se non ferite, mancati riconoscimenti) non grida forse vendetta?

Se è vero che ci sono «ragazzi» che «non possiedono la risonanza emotiva delle loro azioni»[14], lo stesso —a mio avviso— vale per i *prof*.

Prospettive

C'è la nostra prospettiva di *prof*, e c'è un'altra prospettiva. Anche quell'altra prospettiva va rimessa al centro. Davvero

---

[13] Questo paragrafo sarà significativamente approfondito nella seconda edizione, prevista per agosto 2026.

[14] Galimberti U., *La condizione giovanile nell'età del nichilismo*, Orthotes, Napoli-Salerno 2022, pagina 45.

vogliamo continuare ad essere capi e rinunciare all'essere *leader*?

In tutti i casi, è nostra scelta applicare o non applicare determinate strategie. Chi c'è al centro delle nostre lezioni?

Burocraticamente mettiamo grande attenzione alla didattica personalizzata, H, BES, DSA, e tutte le varie situazioni, attuando tutte le misure previste, completando le mille incombenze. Ma dal punto di vista umano?

Perché se uno studente "alza la cresta" il voto di condotta è basso? Non sarà mai che alcuni docenti proiettano il proprio sugli altri?

Fidati di me

Sono i docenti ad essere dipendenti della scuola (e quindi degli studenti), o sono gli studenti ad essere dipendenti dei loro *prof*?

È un'epoca storica in cui tutti veniamo usati da tutti e questo sembra essere la normalità. Ma è questo è quello che siamo? Degli oggetti? Forse la nostra essenza non sarà altrove?

Capi o leader? Allenatori o arbitri?

Per fortuna, ogni *prof* ha un proprio stile. A mio avviso tutti gli stili vanno bene. È un po' come nell'arte: che si tratti di Michelangelo o della *Street Art* poco importa; l'importante è che sia **arte**. Va benissimo l'*esprit de geometrie* di Piet Mondrian come va benissimo l'*esprit de finesse* di Paul Jackson Pollock (dove non c'è una cosa che sia a posto).

«L'obiettivo della nostra polemica non è il professore severo ma il professore **convenzionale**»[15].

---

[15] Pasolini P. P., *Scuola senza feticci*, in: *Un paese di temporali e di primule*, Guanda, Milano 1993, pagina 137.

«Nella coscienza esiste pure un altro elemento, o, se così vi pare, esiste un altro tipo di coscienza, che possediamo tutti, in grado debole o forte. Essa è la '**coscienza intrinseca**'. E si fonda sulla percezione inconscia e preconscia della nostra propria natura, del nostro destino, delle nostre capacità, della nostra 'vocazione' nella vita. Esige senza tregua la veracità rispetto alla nostra natura intima, pretende che non la si neghi per debolezza, o per profitto, o per qualsiasi altra ragione. Chi tradisce il proprio talento, il pittore nato che si mette a vendere calze, l'uomo intelligente che vive una vita sciocca, chi vede la verità e non apre bocca, il vigliacco che rinuncia alla propria dignità, tutte queste persone percepiscono profondamente di aver fatto torto a se stesse, e pertanto si disprezzano. Da quest'autopunizione non può derivare altro che la nevrosi»[16].

Una sola cosa alla volta

Uno dei punti di lettura chiave della nostra epoca è che oggi consideriamo una sola cosa alla volta. Si pensa solo una cosa alla volta, senza guardare l'insieme, e soprattutto senza guardare le possibili conseguenze che una visione parziale può comportare[17].

Il nostro è un mondo già complesso, e lo sarà ancora più nel futuro. Se nel nostro modo di agire e di pensare dimentichiamo di guardare un argomento dal maggior numero di punti di vista possibili, succederà che prenderemo sì decisioni, ma limitate e limitanti (limitanti non già per il fatto che comunque qualcosa abbiamo fatto, e questa è una cosa ottima, ma perché portano ad un futuro ove queste scelte

---

[16] Maslow A. H, *Verso una psicologia dell'essere*, Astrolabio-Ubaldini, Roma 1978, pagina 21.

[17] È fenomeno diffuso il dimenticare la prole il auto: pensare solo al lavoro o a fare la spesa può portare ad esiti che sono i più lontani da quelli voluti e desiderati.

chiuse costituiranno un limite all'interno di nuovi scenari che richiedono nuove visioni del mondo).

Capisco come la frenesia di oggi tolga la possibilità di guardare le cose in modo diverso. Ma se guardi le cose sempre nello stesso modo, se hai finito.

L'epoca delle narrazioni

Obbedire ad una narrazione (quale che essa sia, e nel significato più ampio del termine, quindi comprendente anche i cosiddetti "fraintendimenti" che vengono portati avanti come fossero incontestabili dati di fatto seppur mantenuti scollegati dalla complessità del contesto) significa pensare una sola cosa alla volta.

Se c'è una narrazione, ahimè va obbedita senza discutere e —soprattutto— senza porre nessuna resisttenza. Non posso né mettere in dubbio né avere comportamenti diversi.

È facile distinguere una narrazione da cosa narrazione non è: una narrazione pretende di avere ragione in sé, quello che invece è la verità tipicamente ha a che fare con me.

Cui prodest?

La situazione peggiore penso sia quando al pensiero chiuso, che pensa vuole una sola cosa alla volta, si accompagna una modalità non lineare.

In questa situazioni succede che un giorno viene chiesta una cosa, il giorno dopo una diversa, il terzo giorno un'altra ancora. Ed è normale così. Ogni giorno c'è una narrazione nuova. Un nuovo *trend* dominante al quale tutti si devono inchinare quale nuova divinità.

Ci si confonde (direbbe Martina)

E a chi entra a scuola vorrei ricordare le parole di Haymitch Abernathy in *Hunger Games*: «Katniss, quando sarai nell'arena... ricorda chi è il vero nemico».

I nemici non sono né i *prof* né i voti. Il vero nemico è dimenticare le persone e affidarsi a narrazioni che parlano di regole e ruoli. Se una regola è contro il benessere delle persone, ritengo importante e urgente superare la regola per così osservarne il principio (ἐπιείκεια); se un gioco di ruolo (di ruoli) fa star male i giocatori, morte all'arruolamento, evviva le persone!

Πνευματικοῖς πνευματικὰ συγκρίνοντες

Chi ha familiarità con il mondo cattolico già conosce espressioni «spiritualia spiritualibus comparantes»[18] e «expertus potest credere, quid sit Iesum diligere»[19].

Per dirla con le parole di Giacomo Biffi: cosa dice una vacca all'interno della Cappella Sistina? «Muuuu». Che altro potrebbe dire? È una vacca. Forse preferirebbe un prato pieno di erba. E comunque oltre a «Muuuu» forse non direbbe altro.

È un po' la situazione di quando si incontrano quelli che oggi si chiamano "malesseri": esseri umani che ci arrivano fino ad un certo punto, poi mostrano il loro lato disfunzionale e lasciano la controparte a "starci sotto" (a starci male).

È possibile che una persona non colga o non arrivi a capire alcuni aspetti essenziali di alcuni altri esseri umani; mi riferisco primariamente agli aspetti emozionali e personali che sono comprensibili primariamente attraverso strumenti quali **neuroni specchio** ed **empatia**. A me capita con certi *prof*,

---

[18] Così scrive Paolo nella *Prima Lettera ai Corinzi*, capitolo 2, versetto 13.

[19] Bernardo di Clairvaux, *Jesu dulcis memoria*, quartina 4.

a certi *prof* capiterà (oltre che con me) con persone che hanno in aula.

Se c'è difficoltà nel comprendere di che cosa sto scrivendo, lascio a Umberto Galimberti darne una esemplificazione pratica: «Io sottoporrei i professori a un test di personalità, in cui sia misurata la loro capacità empatica, perché se un professore non è dotato di **empatia** non deve insegnare. E l'empatia non è una cosa che si impara... o ce l'hai o non ce l'hai. La cosa non è poi così strana: come noi accettiamo che uno alto un metro e cinquanta non possa fare il corazziere, alla stessa maniera dobbiamo accettare che uno che non ha empatia non possa fare il professore. Una mancanza di empatia rappresenta proprio la mancanza di quell'elemento necessario per entrare in relazione con gli studenti»[20].

Paulo maiora canamus

In quanto descritto nel paragrafo precedente c'è un problema di **concetto**. Se ho un concetto allora riesco a capire di cosa si sta parlando; diversamente, se mi mancano gli **a priori** necessari, ascolterò un incomprensibile (e inutile, e fastidiosissimo) *flatus vocis*: non coprendendo il senso, sulla realtà e le persone esprimerò un giudizio tendenzialmente negativo. Negativo non tanto come valutazione della cosa in sé, ma per il fatto che non l'ho capita.

Se quello che scrivo sembra essere razionalmente più astratto di un quadro di Vasilij Vasil'evič Kandinskij o più disturbato del Trittico di Hieronymus Bosch, per chi è in grado di capire è **il bisogno più essenziale** dell'essere umano.

Se vengo a scuola, è proprio perché i miei studenti mi regalano ogni volta con concetti nuovi, data dalla loro interpretazione del mondo che sintetizza e supera tutte le

---

[20] Galimberti U., *La condizione giovanile nell'età del nichilismo*, Orthotes, Napoli-Salerno 2022, pagina 54.

visioni del mondo precedenti. Almeno per la parte che hanno assimilato e rielaborato a loro modo.

Non è forse questo **il fascino dell'insegnamento**?

Dalla chiusura all'apertura

Se vedi le cose dal maggior numero di punti di vista possibili, scopri «**il tutto nel frammento**»[21]; diversamente, se consideri il frammento il tutto, resti ancorato in un molo quando in verità hai davanti a te tutte le rotte possibili.

Se guardi le cose fuori dagli schemi, cercando di vedere una situazione da più punti prospettici, e scopri come un singolo punto è parte di una visione d'insieme (come in *Bathers at Asnières* di Georges Seurat), un nuovo mondo meraviglia i tuoi occhi. «Ed è subito festa».

Se guardassimo un voto a un'interrogazione in questo modo, probabilmente riusciremo a coglierne la limitatezza. Anche il anche il voto più brutto si scorpirebbe di essere trascurabile rispetto alla totalità della persona.

Omne verum, a quocumque dicatur, verum est

Ammettiamo, ed è certamente oggettivamente una possibilità, che in questo scritto io abbia scritto una serie infinita di baggianate deliranti, così lontane dalla realtà come lo è l'allucinazione di uno schizofrenico. Tu che stai sfogliando queste pagine, hai davvero l'assoluta certezza che non ci sia proprio niente di vero tra tutto quello che trovi rappresentato qui?

Secondo me due aspetti sono tanto evidenti quanto incontrovertibili: prima di tutto, in Italia tra gli otto milioni e mezzo giovani esseri umani ci sono persone che stanno male

---

[21] L'espressione è il titolo di: Balthasar H. U., *Il tutto nel frammento*, Jaca Book, Milano 1970.

(anche molto male); in secondo luogo, *generally speaking*, molti *prof* potrebbero fare qualcosa a loro favore.

Credo che in queste pagine ci sia del vero[22]. Magari incompiuto, opaco, incomprensibile, anomalo, strano. Ma vero.

Vere sono le emozioni dei miei studenti, vere le loro ansie, vero il loro panico, vero il loro sentirsi (immotivatamente) senza autostima.

Magari questo libro non sarà la risposta.

Ma **la domanda c'è**.

---

[22] «Quando qualcosa non vi torna datemi torto, dibattetene, coltivate il dubbio per sognare orizzonti anche più ambiziosi di quelli che riesco a immaginare io. La mia anima non ha mai desiderato generare né gente né libri mansueti, compiacenti, accondiscendenti. Fate casino» (Murgia M., *Dare la vita*, Rizzoli, Milano 2024, pagina 16).

A lezione da Antonio Gramsci

Riporto qui quasi per intero l'articolo firmato Alfa Gamma dal titolo "Socialismo e cultura" pubblicato sabato 29 gennaio 1916 su *Il Grido del Popolo.*

Siccome condivido quanto scrive Gramsci, semplicemente riporto all'attenzione quanto già ben rappresentato oltre cento anni fa.

L'errore-orrore del «recipiente da empire»

«Bisogna disabituarsi e smettere di concepire la cultura come sapere enciclopedico, in cui l'uomo non è visto se non sotto forma di **recipiente da empire** e stivare di dati empirici; di fatti bruti e sconnessi che egli poi dovrà casellare nel suo cervello come nelle colonne di un dizionario per poter poi in ogni occasione rispondere ai vari stimoli del mondo esterno. Questa forma di cultura è veramente **dannosa** specialmente per il proletariato. Serve solo a creare degli spostati, della gente che crede di essere superiore al resto dell'umanità perché ha ammassato nella memoria una certa quantità di dati e di date, che snocciola ad ogni occasione per farne quasi una **barriera** fra sé e gli altri. Serve a creare quel certo intellettualismo bolso e incolore, così bene fustigato a sangue da Romain Rolland, che ha partorito tutta una caterva di **presuntuosi** e di **vaneggiatori**, più deleteri per la vita sociale di quanto siano i microbi della tubercolosi o della sifilide per la bellezza e la sanità fisica dei corpi. Lo studentucolo che sa un po' di latino e di storia, l'avvocatuzzo che è riuscito a strappare uno straccetto di laurea alla svogliatezza e al lasciar passare dei professori crederanno di essere diversi e **superiori** anche al miglior operaio specializzato che adempie nella vita ad un compito ben preciso e indispensabile e che nella sua attività vale cento volte di più di quanto gli altri valgano nella loro. Ma questa non è cultura, è **pedanteria**, non è intelligenza, ma intelletto, e contro di essa ben a ragione si reagisce».

A volte mi sembra che qualche docente veda le persone di fronte come tacchini da riempire in vista di quel "giorno del ringraziamento" che chiama "interrogazione" (o, ancora peggio, "Esame di Stato").

È questo il mondo che vogliamo nel 2024, e vogliamo creare per il futuro?

Cultura è coscienza di sé e del tutto

Prosegue Gramsci: «La cultura è una cosa ben diversa. È **organizzazione, disciplina del proprio io interiore**, è **presa di possesso della propria personalità**, è **conquista di coscienza superiore**, per la quale si riesce a comprendere il proprio **valore** storico, la propria funzione nella **vita**, i propri diritti e i propri doveri. [...] L'uomo è soprattutto spirito, cioè creazione storica, e non natura. [...] E questa **coscienza** si è formata non sotto il pungolo brutale delle necessità fisiologiche, ma per la **riflessione intelligente**, prima di alcuni e poi di tutta una classe, sulle **ragioni** di certi fatti e sui mezzi migliori per convertirli da occasione di vassallaggio in segnacolo di **ribellione** e di **ricostruzione sociale**. Ciò vuol dire che ogni rivoluzione è stata preceduta da un intenso lavorio di **critica**, di **penetrazione culturale**, di permeazione di **idee** attraverso aggregati di uomini prima refrattari e solo pensosi di risolvere giorno per giorno, ora per ora, il proprio problema economico e politico per se stessi, senza legami di **solidarietà** con gli altri che si trovavano nelle stesse condizioni».

> Per utilizzare sempre le parole di Gramsci ne *I quaderni del Carcere*: «**Ha cultura chi ha la coscienza di sé e del tutto, chi sente la relazione con tutti gli altri esseri**».

Γνῶθι σαυτόν

Conclude Gramsci: «Critica vuol dire appunto quella **coscienza** dell'io che Novalis dava come fine alla **cultura**. **Io che si oppone agli altri**, che si **differenzia** e, essendosi creata una meta, giudica i fatti e gli avvenimenti oltre che in sé e per sé anche come **valori** di propulsione o di repulsione. Conoscere se stessi vuol dire **essere se stessi**, vuol dire essere padroni di se stessi, distinguersi, uscire fuori dal caos, essere un elemento di ordine, ma del **proprio ordine** e della **propria disciplina** ad un ideale. E non si può ottenere ciò se non si conoscono anche gli altri, la loro storia, il susseguirsi degli sforzi che essi hanno fatto per essere ciò che sono, per creare la civiltà che hanno creato e alla quale noi vogliamo sostituire la nostra. Vuol dire avere nozioni di cosa è la natura e le sue leggi per conoscere le leggi che governano lo spirito. E tutto imparare senza perdere di vista lo scopo ultimo che è di meglio **conoscere se stessi** attraverso gli altri **e gli altri** attraverso se stessi».

Se in classe un* docente incontra un «Io che si oppone», prevedo voti bassi sia nella materia che nella condotta.

Non dovremmo forse riconoscere, premiare e incoraggiare chi «si differenzia»?

In conclusione

Quando leggo delle differenze tra Antonio Gramsci, Benedetto croce, Lorenzo Milani, in realtà ne scopro l'assoluta sintonia: nel loro differenziarsi, ammettono e rafforzano l'idea che al centro della scuola c'è l'**essere umano**. questa è, secondo me, la concezione che è venuta meno nella scuola di oggi.

Se questi autori parlano di un umanesimo pragmatico o idealista o storico o trascendentale o socialista o personalista o qualsiasi altra cosa, in verità mettono al centro l'**essere umano**. A scuola —troppo spesso, e più di quanto i *prof* si possono immaginare— abbiamo perso il valore dell'essere umano.

La perdita di questo valore costituisce a mio avviso violenza *in re ipsa*, ma anche per tutte le conseguenze che va a portare. Se io metto al centro l'essere umano, e commetto errori, quegli errori sono le eccezioni che confermano la regola. Ma se io dimentico l'**essere umano**, ho già commesso quel peccato originale rende tutto il mio operato "viziato". *Bonum ex integra causa, malum ex quocumque defectu.*

Consigli per gli acquisti.

Bibliografia e Indice

Bibliografia (letta) sull'argomento[23]

Alla base del mio modo di pensare e vedere

Aristotele, *Etica nicomachea*, Rizzoli (BUR), Milano 1996.

Aristotele, *Metafisica*, Rizzoli (BUR), Milano 1998.

Balthasar H. U., *Gloria. Una estetica teologica*, Jaca Book, Milano 1985.

Balthasar H. U., *Il tutto nel frammento*, Jaca Book, Milano 1970.

Balthasar H. U., *La verità è sinfonica*, Jaca Book, Milano 1991.

Balthasar H. U., *Solo l'amore è credibile*, Borla, Roma 1991.

Biffi G., *Attenti all'Anticristo! L'ammonimento profetico di V. S. Solovëv*, Piemme, Casale Monferrato 1991.

Biffi G., *La bella, la bestia e il cavaliere. Saggio di teologia inattuale*, Jaca Book, Milano 1984.

D'Avenia M., *La conoscenza per connaturalità* in: S. Tommaso D'Aquino, ESD (Edizioni Studio Domenicano), Bologna 1992.

Galimberti U., *Psiche e techne. L'uomo nell'età della tecnica*, Feltrinelli, Milano 2000.

McLuhan M., *La galassia Gutenberg. Nascita dell'uomo tipografico*, Armando Editore, Roma 1991.

Nietzsche F. W., *Così parlò Zarathustra*, Adelphi, Milano 1986.

Nietzsche F. W., *La gaia scienza*, Adelphi, Milano 1977.

---

[23] La bibliografia sarà significativamente ampliata nella seconda edizione, prevista per agosto 2026, con molti più testi tratti dalla formazione pedagogica degli insegnanti, dalla pedagogia generale e dalle scienze sociali, e con le ultime pubblicazioni relative al mondo della scuola.

Incontri

Aa. Vv., *Attraversare le emozioni. Neuroscienze e psicologia dello sviluppo*, Raffaello Cortina, Milano 2011.

Alberti B., *Tremate, Tremate. Le streghe son tornate*, Mondadori, Milano 2024.

Anders G., *Patologia della libertà. Saggio sulla non-identificazione*, Orthotes, Napoli 2015.

Aullon J. L., La *decrescita, i giovani e l'utopia. Comprendere le origini del disagio per riappropriarci del nostro futuro*, Edizioni dell'Asino, Roma 2013.

Bandura A., *Adolescenti e autoefficacia. Il ruolo delle credenze personali nello sviluppo individuale*, Erickson, Milano 2012.

Barbano A., *Troppi diritti. L'Italia tradita dalla libertà*, Mondadori, Milano 2018.

Bauman Z., *Modernità liquida*, Laterza, Roma 2011.

Bedeschi G., *Declino e tramonto della civiltà occidentale. Studi sulla caduta dell'idea di progresso nella cultura europea*, Rubbettino, Soveria Mannelli 2019.

Benanti P., *La condizione tecno-umana. Domande di senso nell'era della tecnologia*, EDB (Edizioni Dehoniane Bologna), Bologna 2016.

Benanti P., *Le macchine sapienti. Intelligenze artificiali e decisioni umane*, Marietti 1820, Bologna 2018.

Benasayag M. - Schmit G., *L'epoca delle passioni tristi*, *Feltrinelli*, Milano 2009.

Bianchi G., *Governare con il terrore. Propaganda e potere nell'epoca dell'informazione globalizzata*, Guerini e Associati, Milano 2022.

Böckenförde E. W., *Cristianesimo, libertà, democrazia*, Morcelliana, Brescia 2007.

Böckenförde E. W., *Diritto e secolarizzazione. Dallo stato moderno all'Europa unita*, Laterza, Roma 2007.

Böckenförde E. W., *La formazione dello Stato come processo di secolarizzazione*, Morcelliana, Brescia 2007.

Borgna E., *Le emozioni ferite*, Feltrinelli, Milano 2011.

Bosetti G., *Il fallimento dei laici furiosi*, Rizzoli, Milano 2009.

Bradbury R., *Fahrenheit 451*, Mondadori, Roma 1978.

Briggs A. - Burke P., *Storia sociale dei media. Da Gutenberg a Internet*, Il Mulino, Bologna 2007.

Bruni L., *La ferita dell'altro. Economia e relazioni umane*, Il Margine, Trento 2015.

Bruni L., *L'economia, la felicità e gli altri. Un'indagine su beni e benessere*, Città Nuova, Roma 2009.

Buber M., *Il principio dialogico e altri saggi*, San Paolo, Milano 2014.

Canestrari R., *Psicologia generale e dello sviluppo*, CLUEB, Bologna 1990.

Capozzi E., *L'autodistruzione dell'Occidente. Dall'umanesimo cristiano alla dittatura del relativismo*, Cantagalli, Roma-Cesena 2021.

Cencini A. - Manenti A., *Psicologia e formazione. Struttura e dinamismi*, EDB (Edizioni Dehoniane Bologna), Bologna 1990.

Chaney S., *Sono normale? Due secoli di ricerca ossessiva della «norma»*, Bollati Boringhieri, Torino 2023.

Clément O., *Riflessioni sull'uomo*, Jaca Book, Milano 1972.

Corballis M. C., *La mente che vaga. Cosa fa il cervello quando siamo distratti*, Raffaello Cortina, Milano 2016.

Csíkszentmihályi M., *Flow. Psicologia dell'esperienza ottimale*, ROI Edizioni, Milano 2021.

Damasio A. R., *Emozione e coscienza*, Adelphi, Milano 2000.

Damasio A. R., *L'errore di Cartesio. Emozione, ragione e cervello umano*, Adelphi, Milano 1995.

Dawkins R., *Il gene egoista. La parte immortale di ogni essere vivente*, Mondadori, Milano 1995.

De Benoist A., *La nuova censura. Contro il politicamente corretto*, Diana Edizioni, Napoli 2021.

De Bono E., *Il pensiero laterale*, Rizzoli (BUR), Milano 2000.

Diamanti I., *Sillabario dei tempi tristi*, Feltrinelli, Milano 2011.

Diletti M., *I think tank. Le fabbriche delle idee in America e in Europa*, Il Mulino, Bologna 2009.

Donati P. - Solci R., *I beni relazionali. Che cosa sono e quali effetti producono*, Bollati Boringhieri, Torino 2011.

Dossetti G., *Sentinella, quanto resta della notte? Riflessioni sulla transizione italiana*, Edizioni Lavoro, Roma 1994.

Durkheim É., *La scienza sociale e l'azione*, Il Saggiatore, Milano 1996.

Durkheim É., *Le regole del metodo sociologico*, Edizioni di Comunità, Milano 1996.

Ekman P., *Giù la maschera. Come riconoscere le emozioni dall'espressione del viso*, Giunti, Milano 2007.

Ekman P., *Le bugie dei ragazzi. Frottole, imbrogli, spacconate: perché i nostri figli ricorrono alla menzogna?*, Giunti, Milano 2009.

Floridi L., *La quarta rivoluzione. Come l'infosfera sta trasformando il mondo*, Raffaello Cortina, Milano 2017.

Freire P., *La pedagogia degli oppressi*, EGA, Torino 2011.

Freud S., *Il disagio della civiltà*, Bollati Boringhieri, Torino 1977.

Gadamer H. G., *Verità e metodo*, Bompiani, Milano 2004.

Galimberti U., *L'etica del viandante*, Feltrinelli, Milano 2023.

Galimberti U., *L'ospite inquietante. Il nichilismo e i giovani*, Feltrinelli, Milano 2007.

Gelso I., *Nemesi della donna occidentale agli albori del terzo millennio. Dal dopoguerra ad oggi, ovvero dall'arzdoura alla post moderna*, Editrice Veneta, Vicenza 2012.

Giglioli D., *Critica della vittima. Un esperimento con l'etica*, Nottetempo, Milano 2014.

Giussani L., *Il rischio educativo*, Rizzoli (BUR), Milano 2016.

Goleman D., *Intelligenza emotiva*, Rizzoli (BUR), Milano 2009.

Graeber D., *Bullshit jobs*, Garzanti, Milano 2018.

Gramsci A., *Odio gli indifferenti e altri scritti prima del carcere*, Chiarelettere, Cesano Maderno 2022.

Han B-C., *La società senza dolore. Perché abbiamo bandito la sofferenza dalle nostre vite*, Einaudi, Torino 2021.

Heidegger M., *L'essenza della verità*, Adelphi, Milano 1997.

Heidegger M., *Nietzsche*, Adelphi, Milano 2018.

Heidegger M., *Segnavia*, Adelphi, Milano 1994.

Huizinga J., *La crisi della civiltà*, Einaudi, Torino 1938.

Husserl E., *La crisi delle scienze europee e la fenomenologia trascendentale*, Il Saggiatore, Milano 2008.

Kafka F., *La metamorfosi*, Newton Compton, Roma 2002.

Kahneman D., *Pensieri lenti e veloci*, Mondadori, Milano 2013.

Kierkegaard S., *Aut-aut*, Mondadori, Milano 1992.

Kierkegaard S., *La malattia mortale*, SE, Milano 2016.

Kundera M., *L'insostenibile leggerezza dell'essere*, Adelphi, Milano 1994.

Iaconesi S. - Persico O., *La cura*, Codice Edizioni, Torino 2016.

Illouz E., *Intimità fredde. Le emozioni nella società dei consumi*, Feltrinelli, Milano 2007.

Laffi S., *La congiura contro i giovani. Crisi degli adulti e riscatto delle nuove generazioni*, Feltrinelli, Milano 2014.

Le Bon G., *Psicologia delle folle*, Longanesi, Milano 1992.

Le Breton D., *Fuggire da sé. Una tentazione contemporanea*, Raffaello Cortina, Milano 2016.

Lucangeli D., *Cinque lezioni leggere sull'emozione di apprendere*, Erickson, Trento 2019.

Luhmann N., *Sistemi sociali. Fondamenti di una teoria generale*, Il Mulino, Bologna 2001.

Magatti M., *La grande contrazione. I fallimenti della libertà e le vie del suo riscatto*, Feltrinelli, Milano 2012.

Malaguti M., *Il tempo della libertà*, CLUEB, Bologna 1983.

Marini A., *Che cosa sono le neuroscienze cognitive*, Carocci, Roma 2016.

Marramao G., Kairos. *Apologia del tempo debito*, Bollati Boringhieri, Milano 2020.

Maslow A. H., *Verso una psicologia dell'essere*, Astrolabio-Ubaldini, Roma 1978.

Mastrocola P. - Ricolfi L., *Manifesto del libero pensiero, La nave di Teseo*, Milano 2021.

McQuail D. - Mazzoleni G. - Boni F. - Falcioni R. - Trevisan L., *Sociologia dei media*, Il Mulino, Bologna 2007.

Meyrowitz J., Oltre il senso del luogo. *L'impatto dei media elettronici sul comportamento sociale*, Baskerville, Bologna 1995.

Milani L., *A che serve avere le mani pulite se si tengono in tasca*, Chiarelettere, Milano 2011.

Mizzau M., *E tu allora? Il conflitto nella comunicazione quotidiana*, Il Mulino, Bologna 2002.

Morris D., *La scimmia nuda: Studio zoologico sull'animale uomo*, Bompiani, Milano 2011.

Mortari L., *Filosofia della cura*, Raffaello Cortina, Milano 2015.

Motterlini M., *Trappole mentali. Come difendersi dalle proprie illusioni e dagli inganni altrui*, Rizzoli (BUR), Milano 2010.

Mounier E., *Il Personalismo*, AVE, Roma 1964.

Murgia M., *Dare la vita*, Rizzoli, Milano 2024.

Murgia M., *Stai zitta e altre nove frasi che non vogliamo sentire più*, Einaudi, Milano 2021.

Nancy J. L., *Essere singolare plurale*, Einaudi, Torino 2020.

Nussbaum M. C., *L'intelligenza delle emozioni*, Il Mulino, Bologna 2011.

Nussbaum M. C., *La fragilità del bene*, Il Mulino, Bologna 2011.

Orwell G., *1984*, Mondadori, Milano 2004.

Pentland A., *Fisica sociale. Come si propagano le buone idee*, Università Bocconi Editore, Milano 2015.

Rasicci L., *L'epoca del panico*, Il Mulino, Bologna 2011.

Revelli M., *Umano Inumano Postumano. Le sfide del presente*, Einaudi, Torino 2020.

Ricoeur P., *Il conflitto delle interpretazioni*, Jaca Book, Milano 1995.

Ricoeur P., *La semantica dell'azione*, Jaca Book, Milano 1986.

Rohn J., *Vivi una vita ispirata*, Gribaudi, Milano 2020.

Rosenberg M. B., *Le parole sono finestre (oppure muri). Introduzione alla comunicazione nonviolenta*, Esserci Edizioni, Reggio Emilia 2023.

Rosi S., *Trasformare limiti in traguardi*, Mondadori, Torrazza Piemonte 2024.

Rosmini A., *Direzione della carità intellettuale*, in: Rosmini A., *Costituzioni dell'Istituto della Carità*, Città Nuova, Roma 1996, Parte Nona, pagine 220-224.

Rossi F. - Rosenberg M. B., *Le parole sono finestre [oppure muri]. Introduzione alla Comunicazione Nonviolenta*, Esserci Edizioni, Reggio Emilia 2003.

Schopenhauer A., *Il mondo come volontà e rappresentazione*, Laterza, Bari 2009.

Sclavi M., *Arte di ascoltare e mondi possibili. Come si esce dalle cornici di cui siamo parte*, Bruno Mondadori, Milano 2003.

Serres M., *Non è un mondo per vecchi. Perché i ragazzi rivoluzionano il sapere*, Bollati Boringhieri, Torino 2013.

Severino E., *Essenza del nichilismo*, Adelphi, Milano 1995.

Sgubbi G., *Metafisica ed etica della non-violenza. Discussione sul fideismo*, Studium, Roma 1995.

Simone R., *La terza fase. Forme di sapere che stiamo perdendo*, Laterza, Milano 2002.

Sorice M., *Sociologia dei mass media*, Carocci, Roma 2009.

Spinoza B., *Etica*, Bompiani, Milano 2008.

Stanghellini G., *Psicopatologia del senso comune*, Raffaello Cortina, Milano 2008.

Stanghellini G., *Selfie. Sentirsi nello sguardo dell'altro*, Feltrinelli, Milano 2020.

Stanghellini G. - Imbrescia R., *Il tatto come organo di senso che ci orienta nelle relazioni sociali. Da Gadamer a Derrida*, in: *Comprendre. Archive International pour l'Anthropologie et la*

Psychopathologie Phénoménologiques, Numero 21 (2010-2), pagine 266-291.

Subacchi M., *Che cos'è l'uomo. Maritain e Heidegger a confronto*, ESD (Edizioni Studio Domenicano), Bologna 2022.

Subacchi M., *Esistenza e libertà. Saggio sull'Esistenzialismo*, ESD (Edizioni Studio Domenicano), Bologna 2020.

Taleb N. N., *Antifragile. Prosperare nel disordine*, Il Saggiatore, Milano 2013.

Tisseron S., *Verità e menzogna delle emozioni. Comprendere la nostra sfera emotiva*, Raffaello Cortina, Milano 2006.

Toni R., *La persistenza dell'istinto. Pulsioni vitali dell'esistenza*, ETS, Pisa 2007.

Turnaturi G., *Vergogna. Metamorfosi di un'emozione*, Feltrinelli, Milano 2012.

Turner V., *Antropologia dell'esperienza*, Il Mulino, Bologna 2014.

Valcarenghi M., *Il coraggio della felicità. Appunti sulla psicoanalisi nel tempo presente*, Feltrinelli, Milano 2013.

Van Dijk J., *Sociologia dei nuovi media*, Il Mulino, Milano 2002.

Veneziani M., *Amor fati. La vita tra caso e destino*, Mondadori, Milano 2010.

Veneziani M., *La sconfitta delle idee*, Laterza, Bari 2003.

Vigna C. - Zamagni S., *Multiculturalismo e identità*, Vita e Pensiero, Milano 2002.

Volpi F., *Il nichilismo*, Laterza, Bari 2004.

Watzlawick P. B. - Beavin J. H. - Jackson D. D., *Pragmatica della comunicazione umana. Studio dei modelli interattivi delle patologie e dei paradossi*, Astrolabio-Ubaldini, Roma 1971.

Weil S., *La persona e il sacro*, Adelphi, Milano 2012.

Weil S., *Riflessioni sulle cause della libertà e dell'oppressione sociale*, Adelphi, Milano 1983.

Zagrebelsky G., *Mai più senza maestri*, Il Mulino, Milano 2022.

Zoja L., *Contro Ismene. Considerazioni sulla violenza*, Bollati Boringhieri, Torino 2009.

Zoja L., *La morte del prossimo*, Einaudi, Torino 2018.

Ganz Andere (trascendenza, estetica e virtuale)

Aa. Vv., *Influencer. Il potere di cambiare qualsiasi cosa*, Franco Angeli, Milano 2013.

Aa. Vv., *Virtuale e trascendenza*, Morcelliana, Brescia 2020.

Bredekamp H., *Immagini che ci guardano. Teoria dell'atto iconico*, Raffaello Cortina, Milano 2015.

Cox H., *La festa dei folli*, Bompiani, Milano 1971.

Diodato R., *Estetica del virtuale*, Bruno Mondadori, Milano 2005.

Diodato R., *Relazione e virtualità. Un esercizio del pensiero estetico*, EDB (Edizioni Dehoniane Bologna), Bologna 2013.

Huizinga J., *Homo ludens*, Einaudi, Milano 2002.

Kandinskij V., *Lo spirituale nell'arte*, SE, Milano 1997.

Lévy P., Il virtuale. *La rivoluzione digitale e l'umano*, Raffaello Cortina, Milano 2023.

Maffei L. - Fiorentini A., *Arte e cervello*, Zanichelli, Bologna 2019.

Petrosino S., *Babele. Architettura, filosofia e linguaggio di un delirio*, Il Melangolo, Genova 2003.

Rivoltella P. C., *Virtuale ed ethos della trascendenza*, in . *Hermeneutica*, N/A (N/A), 27-42.

Searle J. R., *Vedere le cose come sono. Una teoria della percezione*, Raffaello Cortina, Milano 2016.

Stanghellini G., *Divina presenza. La porta mistica, erotica ed estetica all'esperienza dell'informe*, Quodlibet, Macerata 2022.

Zolla E., *Uscite dal mondo*, Marsilio, Venezia 2012.

Se proprio si vuole parlare di scuola

Aa. Vv., *Le conoscenze fondamentali per l'apprendimento dei giovani nella scuola italiana nei prossimi decenni. I materiali della Commissione dei Saggi*, Le Monnier, Firenze 1997.

Benedetti G. - Coccoli D., *Gramsci per la scuola. Conoscere è vivere*, L'Asino d'oro, Roma 2018.

Bottani N., *Requiem per la scuola? Ripensare il futuro dell'istruzione*, Il Mulino, Bologna 2013.

Bruschi M. - Milazzo S., *Il nuovo codice delle leggi della scuola. Raccolta delle norme in materia di istruzione pubblica e di amministrazione nelle istituzioni scolastiche*, Simone, Napoli 2017.

Corlazzoli A., *Lettera a una professoressa del nuovo millennio. Dalla scuola di Barbiana alla scuola di oggi*, Chiarelettere, Milano 2023.

Floris G., *La fabbrica degli ignoranti. La disfatta della scuola italiana*, Rizzoli, Milano 2008.

Goleman D. - Senge P. M., *A scuola di futuro. Manifesto per una nuova educazione*, Rizzoli, Milano 2016.

Gramsci A., *La scuola è vita*, Chiarelettere, Milano 2022.

Massa R., *Cambiare a scuola. Educare o istruire?*, Laterza, Bari 1997.

Mastrocola P., *Togliamo il disturbo. Saggio sulla libertà di non studiare*, Guanda, Parma 2011.

Mazzon M., Spoiler. *Quello che la scuola non ti spiega*, add editore, Torino 2022.

Pennac D., *Diario di scuola*, Feltrinelli, Milano 2012.

Prensky M., *Mamma non rompere, sto imparando! Come i videogiochi preparano tuo figlio ad avere successo nel 21° secolo!*, Multiplayer.it Edizioni, Perugia 2007.

Recalcati M., *L'ora di lezione. Per un'erotica dell'insegnamento*, Einaudi, Torino 2014.

Scuola di Barbiana, *Lettera a una professoressa*, Libreria Editrice Fiorentina, Milano 2023.

A proposito dei nostri giorni

Cima G., *L'epoca della vulnerabilità*, Piano B Edizioni, Prato 2024.

Galimberti U., *La condizione giovanile nell'età del nichilismo*, Orthotes, Napoli-Salerno 2022.

Gancitano M. - Colamedici A., *La società della performance. Come uscire dalla caverna*, TlonEdizioni, Roma 2020.

Lancini M., *Sii te stesso a modo mio. Essere adolescenti nell'epoca della fragilità adulta*, Raffaello Cortina, Milano 2023.

Ricolfi L., *La società signorile di massa*, La nave di Teseo, Milano 2019.

Soncini G., *L'era della suscettibilità*, Marsilio, Venezia 2021.

Indice

Esempi di violenza

Intermezzo

Tu

Bibliografia e Indice

7 giugno 2024

Buongiorno prof,

mi scusi per il disturbo ma ci tenevo a ringraziarla un'ultima volta vista la fine di questo interminabile percorso.

Ci tenevo a ringraziarla soprattutto per le sue lezioni, che mi hanno sempre permesso di esprimermi liberamente e di scoprire e ragionare su concetti nuovi.

Ci tenevo anche a ringraziarla per il sostegno che mi ha dato diverse volte a livello personale e anche per quello che sta facendo con la realizzazione del suo libro.

Penso che quello che sta facendo sia molto importante, soprattuto perché realizzata da un insegnante e non da uno studente potrebbe davvero portare anche un minimo cambiamento, perché la scuola sta diventando invivibile (gli insegnanti della nostra classe sono riusciti a rovinarci pure la gioia dell'ultimo giorno di scuola della nostra vita).

Tra poco inizierò un percorso completamente diverso dalle superiori in cui penso mi troverò molto meglio e questa sicurezza l'ho acquisita anche grazie a lei. La ringrazio quindi nuovamente per tutto e le auguro un buon proseguimento per la sua carriera!

Grazie mille prof, arrivederci

[eMail firmata]

Associazione Nazionale
Tra i Banchi di Scuola
APS ETS

https://traibanchidiscuola.it/
https://www.instagram.com/traibanchidiscuola/
https://www.tiktok.com/@traibanchidiscuola/